Um pai e uma mãe

Pe. Louis le Crom,
Michel Lefebvre

Um pai e uma mãe

Breve biografia do Sr. e da Sra. Lefebvre, pais de S. Ex.ª Rev.ma Monsenhor Marcel Lefebvre

Castela
Editora São Pio X

Título original: ***Un père et une mère***
(Publication de Journal Controverses, 1993)
Tradução: Beatriz Ramalho Leite
Capa: Érico Lebedenco
Diagramação: Gabriel Galeffi
Colorização da imagem de capa: Ron Dilenno

Dados Internacionais de Catalogação na Publicação (CIP)
(Câmara Brasileira do Livro, SP, Brasil)

Le Crom, Louis; Lefebvre, Michel; Um pai e uma mãe; tradução de Beatriz Ramalho Leite; Castela Editorial -- 1. ed. -- Santa Maria: 2024.

ISBN 978-65-00936-55-1

1. História 2. Catolicismo 3. Igreja Católica

I. Título.

45960 CDD-262.5

Todos os direitos desta edição são reservados à

CASTELA EDITORIAL
Santa Maria, RS
www.castelaeditorial.com.br
e-mail: castela@castelaeditorial.com.br

EDITORA SÃO PIO X
R. Maurício Francisco Klabin, 223
Vila Mariana, São Paulo, SP
04120-020

SUMÁRIO

PEFÁCIO

A presente obra tem a ventura de reunir as figuras de René Lefebvre e Gabrielle Watine, pais de família. De temperamentos opostos, estes esposos católicos souberam complementar-se mutuamente e, como disse São Francisco de Sales, "apoiarem-se um ao outro em Deus". René Lefebvre não era uma personalidade afável, mas a adversidade que enfrentou seu espírito empreendedor e o seu encarceramento em um campo de concentração, mérito por seu zelo patrótico, o ensinaram a paciência e a humildade.

No que se refere a Gabrielle, tão contemplativa como ativa, pôde ela, sob a direção espiritual de um padre monfortino, elevar-se a uma vida de união a Jesus crucificado e alcançar sua plenitude em uma ação de graças constante.

Aprouve a Deus abençoar estes dois esposos magnânimos, já que da bela coroa de filhos com a qual se rodearam, o Senhor chamou os cinco mais velhos ao seu serviço exclusivo na vida religiosa ou sacerdotal.

Que nossos lares cristãos possam seguir tal exemplo, que não deveria ser raro, mas, ao contrário, estimulante!

Monsenhor Tissier de Mallerais
Chicago, 6 de março de 2013

Primeira Parte:

UMA MÃE DE FAMÍLIA

Sra. René Lefebvre[1]
(1880- 1938)

[1] Na França é costume referir-se a uma mulher casada pelo nome e sobrenome do marido. Assim, para a Sra. Gabrielle Lefebvre, é comum dizer "Sra. René Lefebvre". [NdT]

NOTA INTRODUTÓRIA

Só aceitei redigir este esboço biográfico, escrito a partir de testemunhos diretos e irrefutáveis, porque acredito na santidade da Sra. Lefebvre. Com efeito, não devemos conjeturar as decisões da Igreja, mas, estando perfeitamente submissos à sua autoridade, não nos seria permitido expressar nossos sentimentos de admiração por almas que parecem ter atingido o ideal da perfeição cristã? Entre elas, encontra-se a Sra. Lefebvre. Esta é a opinião unânime das pessoas que usufruíram de sua afeição, dos seus exemplos ou do seu apostolado.

São inúmeras as terciárias que desejam penetrar mais intimamente em sua vida interior para conhecer seus segredos. São igualmente numerosas as almas consagradas à Maria segundo o espírito de São Luís Maria Grignion de Montfort, que sairão ganhando ao seguir seu exemplo.

Constatamos nestes últimos tempos que, entre os santos canonizados, avultam-se os fundadores de ordens, religiosos e religiosas. Não seria oportuno chamar a atenção dos fiéis para os leigos, uma vez que a Igreja os chama insistentemente ao apostolado? Ao apresentar uma mãe de família generosa no cumprimento dos seus deveres e dócil às inspirações do Espírito Santo, este opúsculo gostaria de atender a esse desejo.

Ele se dirige principalmente aos filhos e netos dessa serva de Deus. A nova geração deve observar atentamente este modelo para imitar-lhe a conduta, e que modelo melhor que o de uma mãe?

Agradeço a todos aqueles que, por seu considerável apoio, forneceram os elementos necessários para a composição destas páginas.

Paris, 31 de outubro de 1948

Pe. Le Crom

Sr. e Sra. Watine-Lorthiois, pais da Sra. René Lefebvre

27 de junho de 1914

CAPÍTULO I - A FAMÍLIA

Nas vastas planícies do norte, tão niveladas e uniformes quanto as de Beauce[1], destacam-se as imponentes aglomerações de Lille, Roubaix e Tourcoing, que rematam o horizonte francês. Repletas de chaminés de fábricas, são tomadas, mesmo em dias de sol, por uma névoa de fumaça. Ao viajante que se detém aí, essas cidades oferecem múltiplos contrastes: cortiços[2] paupérrimos e mansões opulentas, ruas esburacadas e soleiras resplendentes, população produtiva que não perambula nas ruas e acolhimento repousante na intimidade dos lares.

Lille tem porte de capital, ao passo que Roubaix e Tourcoing conservam a fisionomia de cidades modestas. Estas duas últimas estão ligadas entre si sem que se possa, à primeira vista, discernir seus limites. Pode-se dizer, todavia, que Roubaix se distingue por um caráter mais aberto, alegre e universal. Tourcoing, pelo contrário, é mais fechada.

A senhora Lefebvre — de quem desejamos esboçar uma biografia — tinha laços familiares com essas três cidades. Sua mãe pertencia à família Lorthiois, de Tourcoing, e seu pai, à família Watine, de Roubaix: duas famílias industriais, trabalhadoras e de profundo espírito católico.

Na ocasião do 150º aniversário das Indústrias Lorthiois, de Tourcoing, escrevia o jornal da região:

> Se quisermos conhecer e compreender a razão fundamental desta ascensão magnífica de uma família e de uma empresa, basta consultar a genealogia dos Lorthiois. Leremos em cada

---

[1] Região agrícola muito fértil localizada entre os rios Sena e Loire, a sudoeste de Paris. [NdT]

[2] No original lê-se "*courées*": gênero de rua com várias casas; típico do norte da França em cidades industriais como Roubaix, Tourcoing e Lille. [NdT]

> geração algo como o refrão de um belíssimo hino de confiança na vida presente e na vida futura. Podemos ver nela a família típica da antiga França, sob essa forma peculiar de empresa artesanal, comercial ou industrial.
>
> Mas podemos também ver na família Lorthiois o resumo e o símbolo das virtudes da raça de Tourcoing e na história da extensão e do sucesso de seus empreendimentos, uma síntese e uma explicação do desenvolvimento e da prosperidade dessa cidade (14 de setembro de 1930).

Otimismo realizador e fé viva: tais foram, de fato, os traços proeminentes dessa família que se tornou rapidamente uma legião numerosa. A linhagem dos Louis Lorthiois-Duquesnoy (1764-1810) contava, em 1940, um total de 1.200 descendentes, dos quais sessenta eram sacerdotes ou religiosos e religiosas, espalhados pelos cinco continentes do mundo.

Nessa linhagem abençoada por Deus, nasceu, no dia 25 de março de 1855, a décima segunda de 18 filhos: Gabrielle Lorthiois, mãe da Sra. Lefebvre, que herda plenamente as virtudes de sua raça.

Nada de educação mole! Só se conhecia o rigoroso método católico. Se nos permitissem adentrar uma noite no santuário da família, contemplaríamos um numeroso grupo de crianças ajoelhadas, as mãos postas, rezando a oração em família. Atrás, estariam os pais, que vigiavam as posturas relaxadas: não se podia ser católico medíocre!

Duas irmãs de Gabrielle tornaram-se religiosas. Embora ela mesma não tenha ouvido o chamado divino, foi consolada com a consagração de 13 dos seus netos ao Senhor.

De temperamento incansável e dinâmico, acreditava sempre que vivia a melhor época de sua existência. A Ordem Terceira Franciscana, da qual era a presidente, estava longe de absorver toda a sua energia e todo o seu tempo. Fez questão de apoiar os numerosos conventos de Roubaix. Com um passo enérgico, que se tornou mais vagaroso com o passar dos anos, percorria todas as ruas da cidade, de cima a baixo, a fim de buscar ajuda e trabalho para suas queridas comunidades.

Sua própria vida era revestida de uma austeridade claramente monástica. Após a morte do marido em 1919, ela deixa de usar aquecimento no inverno. A alimentação, já simples, torna-se frugal. Levantando-se às 4h30 para ir à missa e comungar, recolhe-se para dormir apenas às 23h, às vezes, meia-noite. Foi apenas aos oitenta anos, após uma crise cardíaca, que consente em levantar-se às 5h30.

Os filhos com razão escreveram em seu brasão de oitenta anos: "Fé, Energia, Simplicidade". Na ocasião deste aniversário, celebrou-se uma festa de família, sobre a qual recolhemos, em carta de sua filha, o seguinte comentário:

> A festinha da vovó tomou tal proporção que estamos nós mesmos ainda surpresos [...]. Em todo caso, uma coisa é certa: a festa fez muito bem a todos [...]. No final das contas foi um belo dia. Acredito que Deus tenha ficado contente, pois vovó O honrou antes de tudo, e toda a comemoração não foi senão uma simples manifestação de ação de graças.

O que a autora desta carta — a Sra. Lefebvre — deixa de acrescentar, é que havia sido ela mesma a organizadora dessa bela festa.

Um cântico de ação de graças à divina Providência: assim deve resumir-se a existência dessa grande mulher católica. Foi após recitar o Credo em voz alta que ela deu o último suspiro.

Gabrielle Lorthiois havia desposado, em 27 de junho de 1874, um empresário de Roubaix, Louis Watine. Encontra nele o melhor dos esposos, um apoio sólido, um guia seguro. Sua bondade compreensiva equilibrou a educação mais austera da mãe. Foi um casal muito unido. Suas promessas não eram palavras vãs. Conta-se que o Sr. Watine permaneceu fiel à missa cantada de domingo (além da missa rezada, por devoção), para não faltar com uma promessa de noivado. Uma única vez, segundo o relato dos filhos, manifestou-se desentendimento entre os esposos. A Sra. Watine, sempre entusiasta e impulsiva, após o convite de um religioso, inscrevera o marido em um retiro fechado. Houve um movimento de surpresa da parte desse homem de negócios pouco habituado a uma clausura de três dias. Pouco depois, reconsiderando a questão, aceitou fazer o retiro. Após os dias de recolhimento ele teve a bondade de dizer — o que era verdade — que o retiro lhe havia feito bem.

Homem sábio, justo e bom, dedicou-se plenamente aos deveres de estado. Não surpreende, portanto, que nesse lar fecundo e estável Deus tenha suscitado uma alma de elite.

Sra. Watine-Lorthiois

CAPÍTULO II: INFÂNCIA E JUVENTUDE

Essa alma de elite foi Gabrielle, nascida em Roubaix, no dia 4 de julho de 1880. No lar do Sr. e da Sra. Watine-Lorthiois, três nascimentos a precederam e outros três a sucederam. A Providência a punha assim no meio de seus irmãos, para ser o laço e a alegria entre eles.

Como uma flor aos raios de sol, florescia na atmosfera familiar. Cumpre-nos dizer, com o risco de desagradar os críticos, que as testemunhas de sua infância não conservam nenhuma lembrança de seus defeitos.

Naquele tempo, não longe da igreja de São Martinho de Roubaix, a Congregação das Filhas da Sabedoria[1] dirigia um pensionato próspero. Foi nessa escola que a pequena Gabrielle, como aluna externa, aprendeu as primeiras lições. Sua professora, madre Marie-Louise, deu-nos um testemunho. Ei-lo aqui literalmente:

> Ela era inclinada à piedade de maneira reta e inequívoca, somando os atos à oração e incentivando também as companheiras a fazê-lo. Desde a mais tenra idade, quando entrou nas Filhas da Sabedoria, até o dia em que pude conhecê-la e apreciá-la melhor, não se contradisse uma só vez. Podemos descrevê-la com apenas uma palavra: era filha do dever.
>
> Durante muito tempo acreditamos que Gabrielle seria chamada a uma vida de perfeição, mas Deus havia decidido de outra forma, e não nos restou senão aceitar quando veio o noivado.

Mas não nos antecipemos! De uma inteligência viva, com fortes aptidões para a música, o desenho, a poesia, ela estava entre as primeiras alunas da turma.

---

[1] Congregação feminina fundada na França, em 1703, por São Luís Maria Grignion de Montfort. Sua espiritualidade é marcada pelo amor à Sabedoria Eterna e Encarnada e suas obras se voltam ao ensino das crianças e aos cuidados de pobres e enfermos. [NdT]

Além disso, a educação recebida em família favorecia seus esforços. Todo dia de manhã a Sra. Watine, antes de ir à missa das 7h com o marido, passava pelos quartos das crianças para a oração da manhã.

No almoço e no jantar, rezavam juntos as orações de antes e de depois das refeições, e, ao fim do dia, recitavam a oração em família.

Deus dirigia, assim, todas as ações dos pais, cuja preocupação constante e principal era a de formar os filhos para a vida católica.

Duas tias eram religiosas. Uma delas, irmã Marie-Clotilde, no convento das Bernardinas[1], tinha saúde debilitada. Sua vida foi um longo sofrimento. A outra, irmã Ambroisine, da Congregação das Irmãs dos Pobres em Blois, dedicava-se ao cuidado de seus bons velhinhos. Ambas enviavam ao lar cartas edificantes cuja leitura em família fomentava o espírito de renúncia e de sacrifício no coração das crianças.

Não havia, porém, nada de melancólico ou sombrio nesta educação! Com sua franqueza, dedicação e justiça, Gabrielle semeava a alegria: as gargalhadas irrompiam muitas vezes entre as crianças.

Acontecia que a mãe, incansável, não sabia moderar as exigências. Certo dia, derrubaram uma árvore no jardim e devia-se limpar o local. Fazer os feixes de lenha, amarrá-los e empilhá-los parecia um jogo para Gabrielle e seu bom humor. Ela aceitava tudo com um sorriso, e estimulava a irmã mais nova, menos determinada que ela.

Em outra ocasião, em um sábado, lançaram-se à tarefa de levar a biblioteca do térreo ao primeiro andar. As crianças cediam ao peso dos livros. Com entusiasmo, Gabrielle

---

[1] Freiras pertencentes à família cisterciense que vivem segundo a Regra de São Bento. Foram fundadas por três religiosas de diferentes abadias cistercienses destruídas pela Revolução Francesa, que se uniram para restabelecer sua vida monástica. As Bernardinas se instalaram em Esquermes, perto de Lille, e foram reconhecidas oficialmente em 1827. [NdT]

animava os demais e irradiava ardor. Era preciso ir até o fim. Mas o tempo passava demasiado rápido. De repente, o relógio tocava meia-noite e, em obediência à lei da Igreja, foi necessário parar.

A esses trabalhos suplementares, em que sua sincera alegria animava os irmãos e irmãs, Gabrielle acrescentava sempre atos de caridade. Para aliviar os que cuspiam sangue, criou-se o costume de beber o "vinho de urtiga."[1] De vez em quando, a Sra. Watine ia com os filhos a uma conhecida fazenda chamada Wattrelos. Lá, colhiam as urtigas, maceravam-nas a marteladas e em seguida as amassavam com as próprias mãos. Verdadeiro esporte do qual Gabrielle participava quase sempre. Ela se compadecia com os sofrimentos dos desafortunados. A mãe mandava-a visitar as famílias operárias da tecelagem, bem como os pobres da Confraria de São Vicente de Paulo. Assim, ela conheceu desde cedo a miséria da lepra e a palidez de um rosto anêmico.

No tempo do Natal, dedicava as noites a confeccionar em crochê peças de lã, que ela colocava, em seguida, ao redor do presépio: eram os presentes de Natal para as crianças pobres. Mas, não esquecendo também das almas, reunia em casa grupos de estudantes para ensinar-lhes o catecismo.

Durante uma viagem a Blois, teve a oportunidade de ver a caridade em ação por meio da tia, a irmã Ambroisine. Nesta visita, o Sr. Watine estava acompanhado de duas filhas suas: Marguerite-Marie e Gabrielle. Juntos, eles serviram os velhinhos e velhinhas pobres. O pai vestia um belo avental branco, ao passo que, sob a orientação maternal da irmã Ambroisine, as duas filhas distribuíam gentilmente as porções, nas quais não faltavam as guloseimas.

---

[1] Um dos sintomas de certas doenças pulmonares era cuspir sangue. Havia o costume de tomar "vinho de urtiga" para aliviar as dores, uma vez que a urtiga possui propriedades medicinais anti-inflamatórias e favorece a irrigação sanguínea no corpo. [NdT]

Nos momentos de distração em família, Gabrielle, sempre pronta a ajudar, acompanhava ao piano o canto de seu irmão Léon, que era assíduo companheiro nas brincadeiras. O que não lhe agradava tanto era a invariável peça a quatro mãos, "O trote do cavaleiro[1]", que ela tinha de tocar com a mãe aos sábados. Entretanto, em vez de considerá-lo tedioso, ela tocava-o com zelo e terminava muitas vezes chorando de tanto rir.

Por volta dos dezesseis anos, a jovem Gabrielle entrou como aluna interna no pensionato das Irmãs Bernardinas de Esquermes, em Lille. Não foi sem emoção que ela se afastou do querido "sino de São Martinho", como ela o expõe em uma poesia que revela mais a alma que o talento[2]:

Em sonho, eu revi meu Roubaix tão querido,
E a mente distraída, retesando a asa,
Conduzida por São Martinho e seu velho sino,
Não demorou a chegar à paterna casa.
Mas deves, infeliz!, voltar à realidade
Eis-me de novo aluna, que só tem anelos
De cumprir o dever, sempre em plena alegria.
Amo as preceitos, quero bem obedecê-los,
Rezar, brincar, cantar e ser feliz um dia.

Ela se retrata como essa ilustre aluna que se tornou "a mocinha do dever", sempre cuidadosa com o trabalho e o asseio. Na escola de Esquermes, as companheiras a elogiam sem hesitações, um panegírico contínuo, do qual trazemos aqui alguns trechos: "humor constante, energia alegre, agradável a todos,

---

[1] Peça de Fritz Spindler (1817-1905, pianista e compositor alemão. [NdE]

[2] Devido à dificuldade de se traduzir um poema, deixamos aqui uma tradução simbólica para compreensão de seu conteúdo, bem como o texto original em francês: "*En rêve, j'ai revu tout mon Roubaix si cher, / Puis mon esprit distrait enhardissant son aile, / Guidé par Saint Martin et par son vieux clocher, / Eut bientôt regagné la maison paternelle. / Mais il faut revenir, hélas!, à la réalité / Je redeviens élève et n'ai que le désir / D'accomplir mon devoir, en étant très joyeuse. / J'aime mon règlement, je veux bien obéir, / Prier, jouer, chanter, en un mot être heureuse*". [NdT]

modesta e delicada". Nem as pessoas de melhor boa vontade ou os biógrafos da moda teriam ânimo de dizer tanto!

Apesar de ser um modelo, ou melhor, justamente por ser um modelo, Gabrielle nada tem de pomposo: o ar livre a atrai, gosta de caminhar a passos largos; sem sabê-lo, é uma "escoteira"[1] por antecipação.

O santuário de Nossa Senhora de Marlière é venerado na região norte da França. Durante o mês de maio, a moça, em companhia da mãe, costumava visitá-lo e fazer uma novena de comunhões. Recitando o terço em jejum, percorria com alegria os oito quilômetros que separavam Roubaix de Marlière.

Um dia, em ação de graças pelo sucesso de seu irmão nos exames, percorre a pé 45 quilômetros. Na chegada à Basílica de Nossa Senhora do Bom Socorro, na fronteira com a Bélgica, seu irmão e ela se dão ainda o luxo de uma caminhada na floresta antes do jantar.

Mais tarde, a peregrinação de Lourdes a encantará pelo fervor que encontra nesse lugar e pela emoção que sente diante da paisagem grandiosa que compõe o cenário.

Ela apreciava a natureza. Confecciona com amor seu herbário de escola, decorando-o com bordas e desenhos coloridos. Adorna-o com grande variedade de plantas e flores, desde as que colhe no jardim, nas montanhas e na floresta, até os musgos e as edelvaisses das montanhas suíças.

Durante as belas noites estreladas, enquanto o pai, sentado no jardim fumando tranquilamente o cachimbo, escutava os ensaios do coral Nadaud, que ocorriam no café Pandore, perto de casa, e enquanto a mãe trabalhava na escrivaninha para terminar as correspondências e preparar as atividades do dia seguinte, Gabrielle não se cansava de incentivar a irmã

---

[1] O movimento de escoteiros viria a surgir mais tarde na França, por volta de 1920. [NdT]

mais nova a admirar as constelações, procurando enriquecer seus conhecimentos sobre a geografia do céu.

Sua alma ardente se emocionava, sobretudo, nas viagens, mas das viagens em meio à natureza: detinha-se ante uma flor para mostrar aos irmãos os tons e nuances das variadas cores; escutava, encantada, os ruídos de um riacho.

Perto das cataratas do Reno, não conseguia se desvencilhar do espetáculo das ondas cercadas de espuma que corriam de pedra em pedra com estrondos de trovão. O pai, que não esquecera o charuto, acomodava-se em um banco a certa distância e sorria com a alegria dos filhos.

A "Ponte do Diabo", Andermatt, o Monte Rigi, deixaram na imaginação das crianças preciosas memórias.

Após esses passeios, quando a vida parecia tão bela, todos se empenhavam com mais afinco nas pequenas tarefas do dia a dia.

No colégio interno de Esquermes, onde Gabrielle permaneceu por três anos, formaram-se sólidas amizades. Ela reencontrava as amigas na "Obra de Santa Isabel". Ali, sem dúvida, elas tagarelavam, mas também realizavam um trabalho sério: confeccionavam e consertavam ornamentos para as igrejas pobres.

No futuro, essas reuniões de antigas alunas, que despertavam sentimentos nobres e distraíam a monotonia da vida cotidiana, atrairão com muita forças o coração de Gabrielle, pois tinha ela uma alma doce e indulgente, que se esquecia de si para valorizar e encorajar as demais. Mas não a imaginemos com um caráter apático: no que se referia ao essencial, era inflexível. Em Slough, onde passou um tempo para se familiarizar com a língua inglesa, ela não se permitia conversas em francês. Diante dela, as amigas não se atreviam a caluniar nem a fofocar: nessas ocasiões, sentiam-na ausente, e essa reserva intencional as incentivava a mudar de assunto. Sua personalidade se afirmava também nas discussões de ideias que conduzia com animação, sem querer ceder por fraqueza.

Parecem, portanto, bastante verdadeiras as palavras de Madre Marie-Louise, ao afirmar a uma de suas antigas alunas: "A senhorita se casará com o irmão de Gabrielle Watine, a quem não conheço. [...] Quanto a ela, trata-se da pessoa mais íntegra que já conheci: é perfeita em tudo".

Retrato,
Lille, 1902

Os cinco mais velhos no jardim, *1910*

Com Joseph

1917

CAPÍTULO 3: A ESPOSA

Seus estudos terminaram. Gabrielle Watine se aproximava dos vinte anos: era o momento de decidir o futuro. Tornar-se-á religiosa? As pessoas do seu entorno comentavam e ela mesma pensara nessa possibilidade. Reflexão, orações, conselhos... Valeu-se de tudo para conhecer a vontade de Deus. Após uma conversa com Monsenhor Fichaux, seu antigo diretor espiritual em Esquermes, decide pelo matrimônio.

Não houve precipitação na escolha de Gabrielle: dois pretendentes foram rejeitados. E eis que um amigo da família, o Padre Debont, vigário de Nossa Senhora de Tourcoing, apresenta-lhe um de seus paroquianos, o Sr. René Lefebvre.

Nascido em 23 de fevereiro de 1879, o jovem tinha então 23 anos de idade. Ex-aluno do colégio jesuíta de Boulogne-sur-Mer e conhecedor da tecnologia alemã que estudara neste mesmo local, René pertencia a uma família muito honrada e católica.

Pelo lado do pai, a família há muito tempo era de Tourcoing. Já a mãe tinha origem em Lille. A mãe e avó foram mulheres de grande valor espiritual. Ambas fizeram parte da direção da Ordem Terceira Franciscana, e aí se entregaram à obra de apostolado: uma em Lille, onde, no bairro de São Pedro e São Paulo promoveu a regularização de inúmeros casamentos, e a outra em Tourcoing, na paróquia Nossa Senhora de Lourdes, onde todos só a chamavam de "a boa senhora Lefebvre".

René herdaria essa fé profunda e sólida piedade. Filho único, de temperamento sensível e delicado, um pouco tímido, inclinava-se ao silêncio e ao isolamento, mais que à vida mundana. Daí vieram, sem dúvida, as aspirações à vida sacerdotal e, em particular, à vida monástica beneditina.

Em sua família, recordava-se e falava-se, muitas vezes, de antepassados com rica e numerosa criadagem, de recepções nas quais não se negligenciavam os trajes elegantes, nem os pratos delicados, e onde a dona da casa manifestava todas as qualidades de rainha do lar. O jovem apreciava, na Igreja e no Estado, assim como em sua família, o que o remetia a estes aspectos de grandeza e nobreza dos séculos passados.

Esse ideal deixava-o hesitante sobre sua vocação, até que a mãe recorreu ao Padre Debont para acertar o casamento.

No dia 16 de abril de 1902, Gabrielle Watine casou-se com René Lefebvre, na igreja de São Martinho de Roubaix.

Lourdes, Mônaco, Roma, Suíça e a Floresta Negra marcaram as principais etapas da lua de mel.

O jovem casal se instalou por seis anos na Rua Leverrier, nº17, em Tourcoing. Ao longo desse período, cinco filhos vieram alegrar a família. Diante desses nascimentos, que exigiam responsabilidade, os pais compreenderam melhor a grandeza de sua missão. Voltaram-se resolutamente a Deus, desenvolvendo a piedade com exercícios realizados em comum: oração da noite, missa e comunhão diárias, assistência às vésperas e à bênção do Santíssimo no domingo, orações com as crianças diante do presépio no tempo do Natal. Após alguns anos, inscreveram-se na Ordem Terceira Franciscana e passaram a praticar também as obrigações por ela exigidas. Frequentavam conventos como o Carmelo, o mosteiro dos beneditinos de Maredsous e o mosteiro de Santa Clara.

As práticas de piedade só ocupavam uma ínfima parte do dia. No resto do tempo, o Sr. Lefebvre ia à indústria de tecelagem onde trabalhava com afinco, e a mãe ocupava-se dos filhos e da casa. A noite era o momento de distração. René tocava violino com verdadeiro talento e a esposa o acompanhava ao piano.

Todos os anos, durante as férias, a família viajava para Knocke, no litoral da Bélgica, para respirar o ar marítimo e desfrutar as alegrias do mar aberto. A mãe muito apreciava essa estadia.

> Por enquanto — escrevia ela — estamos descansando na praia, é um verdadeiro repouso, ideal para o tempo que está fazendo. Assim, enquanto lhe escrevo, tenho diante dos olhos um espetáculo de dunas brancas, deslumbrantes, sob os raios de um sol ardente. A grande vantagem da casa é ter o espaço ao redor, de um lado as dunas, do outro o mar, a poucos passos.

Não existe, contudo, nenhuma vida em comum sem provações, e esse casamento aparentemente tão perfeito não estava isento delas. Para ambos os esposos, foi ocasião de uma maior perfeição.

Homem de alma heroica — como deu provas superabundantes —, idealista e afetuoso, o Sr. Lefebvre, por causa de sua própria retidão, irá de encontro às deficiências mesquinhas da vida. Mas sua sinceridade na busca do absoluto é digna de admiração.

Gabrielle, por sua vez, gozava de um caráter equilibrado, um coração aberto à afeição e compassivo a toda angústia. Graças à constituição robusta, era de natureza otimista e movia-se com facilidade diante das dificuldades cotidianas.

Se houve qualquer desentendimento na intimidade do lar, um amor mútuo e profundo, somado a um grande espírito cristão, protegeu sempre a união dos corações.

> Que importa — dizia a Sra. Lefebvre — se os passageiros de uma embarcação colidem os remos; não é acaso sinal de que estão avançando? E que alegria não terão quando, tendo alcançado a outra margem, encontrarem-se juntos em paz!...

E se alegrava ao ver, na conduta do marido, esse caráter de piedade que, no fundo, ela desejava.

Escreveu ainda uma de suas filhas: “Deus, por meio deste casamento, juntava no mesmo cofre duas joias selecionadas, muito distintas uma da outra, que foram mutuamente chamadas a se esculpirem”. Fortalecendo e suavizando um ao outro pelo heroismo da virtude, conquistaram palmas esplêndidas.

Começa a guerra em 1914. A invasão se irradia rapidamente nas províncias do norte: Lille, Roubaix e Tourcoing encontram-se sob domínio alemão. Por ser pai de seis filhos, o Sr. Lefebvre não foi recrutado. Ele e a esposa se dedicaram ao atendimento dos feridos, para os quais tiveram de improvisar hospitais. Porém, no ardor do patriotismo, ansiava o Sr. Lefebvre por participar da guerra. Ficando a par de que sua classe[1] estava sendo recrutada nas zonas livres, não se deteve por mais tempo.

Deixando seu estoque de lã escondido em um porão e munido de uma carteira de identidade falsa, obtida em fevereiro de 1915, vai se aventurar na Bélgica ocupada. Retornará para a França, passando pela Inglaterra, após trabalhar por certo tempo no *Intelligence Service.*

Que sacrifício essa separação! Deixava para a esposa a responsabilidade pelos seis filhos, dos quais o mais novo tinha apenas treze meses. Deixava, ainda, o cuidado da fábrica, na qual, embora não fosse preciso supervisionar a produção, era necessário ao menos garantir a manutenção. As provações se multiplicarão: restrição alimentar que aflige as crianças, atritos cotidianos com o invasor, falta de notícias do querido ausente. Como valente católica, a Sra. Lefebvre se entrega à Providência. Nem por um instante ela procura fugir do norte, onde julga útil sua presença. Cumpre seu dever, assim o cremos, nobremente.

[1] As classes eram divididas por idade de homens aptos a lutar na guerra. Inicialmente foram mobilizados os mais jovens, e em seguida os mais velhos, conforme avançava o conflito. A classe do Sr. Lefebvre era a dos homens entre 35 e 41 anos. [NdT]

Diaconisas protestantes alemãs[1] se alojaram em sua casa contra sua vontade. Apesar das veementes reclamações, fecha as salas do térreo onde se encontrava a família. Pretende permanecer dona de seu lar. Em sinal de luto, proíbem-se instrumentos musicais durante as hostilidades. Recusa-se a ter qualquer contato com o invasor. Querem forçá-la a oferecer quartos e leitos às tropas de passagem: ela cede os quartos vazios do segundo andar. A situação chega ao extremo: prendem-na na cadeia da prefeitura.

O chefe alemão da *Kommandatur* lhe oferece a liberdade, desde que pedisse perdão e prometesse se corrigir. Sente um vivo desejo de rever os filhos, a sujeira da prisão é repugnante, o frio é terrível, mas recusa. Em vão uma de suas melhores amigas, a Sra. Legrand-Desurmont, tenta convencê-la. Por fim, ao sentir-se gravemente doente, escreve um bilhete, não para pedir perdão, mas para reconhecer que cometeu "algumas faltas para com a autoridade alemã".

Seu filho mais velho estava prestes a completar catorze anos e deveria então alistar-se para o serviço obrigatório. Ela prefere antes separar-se dele que curvar-se ante essa exigência. Assim, com os certificados médicos emitidos, manda-o passar pela Suíça para ir ao encontro do pai, em abril de 1917.

Dessa forma, enquanto cumpria o dever de mãe de família e de francesa, o dever social com as obras do dispensário e da ordem terceira, e o dever de chefe de fábrica em defesa do seu produto, encontrava ainda meio de passar horas em oração, pronta para ajudar.

Acolhe em casa diversos membros da família do marido. A sogra sofria de um câncer no estômago. Para cuidar da doente,

---

[1] Diaconisa é uma mulher que exerce algum ministério em certas igrejas protestantes. Essa prática começou no início do século XIX na igreja luterana alemã e mais tarde se difundiu pela maioria das igrejas protestantes da Europa. As diaconisas desempenhavam funções sociais, especialmente em hospitais, e espirituais, com ensino, retiros, pregações... [NdT]

Gabrielle revezava com uma irmã enfermeira. O sogro, profundamente tocado por essa dedicação, guardar-lhe-á afetuosa gratidão. Ele mesmo, muitos anos depois, foi objeto de sua solicitude ao ver-se vítima de uma grave congestão. De fato, não tinha ele a mesma ardente convicção religiosa do filho, mas, antes de comparecer diante de Deus, recebeu os últimos sacramentos com a piedade de um cristão que fora sempre fiel a seus deveres.

Finalmente, eis que se declara o armistício que alvoroça a França em um delírio de entusiasmo. É o retorno do Sr. Lefebvre. A mãe preparara o coração das crianças para uma imensa alegria. Ela esperava e velava quando, no meio da noite, um carro parou inesperadamente à porta e as crianças, em um pulo, saltaram das camas e correram para os braços do pai tão amado.

Ele também havia sofrido e conquistado mérito ao longo desses quatro anos de ausência; ele também permanecera fiel. Em nome de Nossa Senhora de Lourdes, a quem chamava "minha Senhora", ofereceu à esposa uma magnífica joia. A Sra. Lefebvre a recebeu com alegria e nunca mais deixou de usá-la.

Alegrias profundas, logo transpassadas pela provação.

O trabalho, as dificuldades, as privações e o encarceramento haviam abalado fortemente a saúde da mãe. Feridas externas surgiram e depois, no nascimento do sétimo filho em 1920, sua coluna vertebral cedeu: ela sofria do mal de Pott (tuberculose na coluna vertebral). Durante treze meses, permanece imobilizada em um corpete de gesso sem possibilidade de dormir, a pele esfolada, incapaz de cuidar dos seus: pelo contrário, dependia de todos. Que martírio! Ela não foi agraciada apenas com os estigmas, como o veremos, mas com a própria crucifixão. Vivia como Jesus sobre a Cruz, o rosto radiante com um sorriso celestial, a alma plenamente unida a Deus.

O Sr. Lefebvre, ao longo dessa dolorosa enfermidade, transportava-a do quarto para o sofá da sala de jantar, para que ela pudesse estar junto aos seus durante o dia. Levou-a duas vezes em peregrinação à Lourdes. Uma melhora inesperada, que pode ser atribuída a Nossa Senhora, manifestou-se: estava ela no caminho da cura.

A Sra. Lefebvre esforçou-se para agradecer ao marido por uma imensa delicadeza que se notava em todos os detalhes: insistia com as criadas para que, retornando da igreja todas as manhãs, tivesse ele a comodidade de tomar o desjejum na hora exata. Quando se aproximavam feriados e aniversários, ela convocava a família para confeccionar peças de lã para o papai, particularmente sensível ao frio. Sempre esforçava-se para preservar o carinho dos filhos por ele. Na administração do lar, nunca deixava de lhe expor os projetos, para se submeter às suas decisões. Por espírito de união, adotava até mesmo suas opiniões políticas.

Deus recompensou sua virtude. Como um raio de sol, a oitava filha, Marie-Thérèse, veio alegrar o outono de seus pais.

Nos anos posteriores à guerra, a indústria de tecelagem viu-se em dificuldades. O espectro da falência surgiu diante dos olhos do Sr. Lefebvre, que, no entanto, não desperdiçava tempo nem dinheiro. Os tempos eram difíceis e seu bom coração o levara longe demais no caminho da dedicação.

Sua esposa o apoiou com valentia, esforçando-se por diminuir as despesas da casa. Sobretudo — o que mais a mortificava —, esforçava-se por reduzir ao mínimo as obras de caridade. Após aceitar a dolorosa perspectiva de deixar Tourcoing para viver em Falaise, ela se oferece, apesar do cansaço, como contadora da fábrica, a fim de amenizar tanto quanto possível a difícil situação.

Nessas circunstâncias, assim como nas provações pessoais, sua discrição permanecia inviolável: nada se percebia de fora.

Para além das diferenças de temperamento, essas duas almas unidas em Cristo se amavam profundamente. O Sr.

Lefebvre, no íntimo do coração, compreendia que a mulher era sua força, sua conselheira sábia e discreta nas provações. Assim, com a morte da esposa, ficou um pouco desamparado. Jamais pensara que ela partiria por primeiro. Mas o amor entre eles não se apagou no túmulo. A falecida bem amada continuou a ser seu anjo da guarda. Os negócios na indústria retomaram e prosperaram de maneira inesperada. Diversas graças testemunharam a solicitude afetuosa da esposa.

"Você terá muita companhia — disse-lhe ela no leito de morte —, e em seguida se encontrará só. Mais um tempinho, e nos encontraremos em uma felicidade plena".

Essa solidão preocupava o Sr. Lefebvre; ele não compreendia o significado. Porém, eis que em 1941 é preso pela Gestapo e levado para as prisões de Bruxelas. De lá pôde ainda escrever à família: "Eu tive muito auxílio nos momentos em que estava no fundo do poço". Após Bruxelas, veio o campo de concentração nazista de Sonnenburg. Um de seus filhos narra seu martírio em um livreto intitulado "Um Calvário...[1]". Já não havendo a possibilidade de se comunicar com a família, encontrou-se só. E compreendeu. "Ele não cessava de evocar a memória da esposa" (escreveu um companheiro de trabalho).

Cara lembrança que o envolveu em doçura até os últimos instantes. Ambos haviam semeado em meio às lágrimas. Esse é o destino de toda vida humana. Eles se reencontraram "em uma felicidade plena".

O Sr. Lefebvre, ao percorrer seu calvário com energia sobre-humana, é um santo de epopeia, já a esposa é a santa do humilde dever cotidiano, cumprido com heroicidade.

[1] Alguns anos após a edição do livro sobre a vida de Gabrielle Lefebvre, foi lançado o livreto "Um Calvário", narrando a história de René Lefebvre. Ambas as obras foram reunidas criando o presente livro: "Um pai e uma mãe". [NdT]

CAPÍTULO 4: A MÃE DE FAMÍLIA

A Sra. Lefebvre foi mãe de oito filhos: quatro meninos e quatro meninas. Os cinco mais velhos se consagraram a Deus na vida religiosa, os três mais novos formaram famílias.[1]

A mãe conseguiu criar todos os filhos. Embora no momento de sua morte alguns não houvessem atingido a maioridade, ela teve tempo suficiente de incutir em suas almas uma profunda piedade.

Não questionamos a utilidade dos métodos educacionais, e muito menos a Sra. Lefebvre, mas ela queria um método vivo e não um procedimento mecânico. Por isso, escreve à sua tia Bernardine:

> Eu continuo, em relação a esse assunto tão importante que é a educação, a encomendar-me às suas orações, pois é justamente por meio de meus sacrifícios que alcançarei as graças para santificá-los (meus filhos). E eu até vos confesso, minha querida tia, que prefiro as leituras que nutrem a mim mesma do que aquelas que ensinam a transmitir aos filhos o alimento da piedade.

De fato, a educação, sobretudo a educação materna, consiste muito mais em uma transfusão de alma do que em uma receita pedagógica. O Sr. Watine, que permanecia um modelo para a sua filha, sempre pregara mais pelo exemplo do que pelas palavras.

---

[1] Os dois filhos mais velhos foram missionários do Espírito Santo. Um, vigário apostólico de Dakar, foi sagrado bispo por S. Eminência o Cardeal Liénart, na Igreja Nossa Senhora dos Anjos em Tourcoing, no dia 18 de setembro de 1947. Em seguida, foi nomeado, por sua santidade o papa Pio XII, Arcebispo de Arcadiópolis e Delegado Apostólico para África Francesa. A mais velha das filhas entrou na Congregação de Maria Reparadora; a segunda, nas irmãs do Espírito Santo, e a terceira, no Carmelo.

O Sr. Lefebvre almejava para os filhos um ideal elevadadíssimo e exigia deles a prática dos atos necessários a este fim. "Essa severidade, dizia a mãe, é providencial para compensar a minha fraqueza". Não que fosse fraca, pois tinha muito claro o senso das suas responsabilidades. Sua perfeição moral estabelecia um regime de confiança que ela prezava acima de tudo. Jamais quis esmagar sob o peso da autoridade a espontaneidade de um filho, que, ao contrário, buscava estimular com seu otimismo.

Devia-se domar uma teimosia? Ela apelava ao espírito de fé: "Jesus ficará contente, Deus assim o quer!". Para obter um sacrifício, procurava o caminho do coração: "Para salvar uma alma, consolar um enfermo…". Sabia pedir um serviço: " Você seria bonzinho…". Quando se tratava de uma censura, ela evitava humilhar. Acaso alguém estava distraído? "Nisso você poderia não se parecer comigo". Incentivava os filhos a se repreenderem mutuamente em sua ausência, mas sempre de forma "amável".

Por vezes era necessário castigar, e a punição era, então, exemplar. Um de seus filhos lembrará, por toda a vida, do tapa vigoroso que recebeu após contar uma mentira diante da mãe. O respeito à verdade ficou gravado para sempre na sua alma.

A ociosidade é a mãe de todos os vícios. Assim, a Sra. Lefebvre se empenhava, sobretudo nas férias, em fazer os filhos brincarem, juntando-se a eles nas recreações, se fosse necessário, ou encontrando ocupações que os mantivessem entretidos. Os três mais novos, de idades diferentes, deram-lhe mais preocupação do que os cinco primeiros, acostumados a conviver em grupo. Relata em uma carta escrita na praia de Knocke:

> Escolhi esta estadia por conta do bem-estar que meus filhos sentem qundo estão constantemente ao ar livre. Apenas uma pequena duna, que serve de jardim, separa-nos do dique, e eu consigo, daqui de casa, enxergar com perfeição o mar e

> vigiar as brincadeiras. Naturalmente, quando o tempo está bom, desço com eles para a areia. Mas até o momento o clima tem sido tão instável, que mais passeei do que fiquei sentada na areia com eles.

Quando em 1919 o médico lhe dá ordens de passar uma temporada no litoral para curar-se, lamenta-se por ter de separar-se dos filhos.

> Quando vos deixei — escreve-lhes ela — certa tristeza de fato tomou conta de mim. Acaso já se viu uma mãe que parte para respirar o ar puro, desfrutar do mar e do sol, e que deixa para trás os filhos! [...] Enfim, vocês sabem bem o porquê, e acredito que em nenhum instante pensaram que eu partia para me divertir.

Em seguida, sem comentar mais sobre a doença, em um completo esquecimento de si mesma, ela procura alegrá-los:

> Minha querida Jeannette,
>
> Minha grande filhota...
>
> Escuto M. que diz: mamãe, faça versos... Oh! Mas não é tudo:
>
> Minha pequena suplente,
>
> Minha amável correspondente...
>
> Dessa vez é Jeanne que enrubesce e os demais que têm ciúmes.
>
> Não há motivo, vocês são todos mui amáveis correspondentezinhos.

Durante o tempo letivo, à noite, enquanto os mandava recitar as lições de casa, preparava brincadeiras mentais para lhes estimular o gosto pelo estudo. Por princípio, apoiava sempre os professores deles, mas buscaria esclarecimentos diretamente com as autoridades, caso algum dos filhos fosse vítima de mal-entendidos ou graves injustiças.

Marcada pela bondade, essa educação se vivificou por uma atmosfera católica. A mãe considerava a missa e a comunhão diárias um dever tão importante, que fazia questão de ir pessoalmente acordar os filhos, traçando-lhes na testa um sinal da cruz. Durante as férias nas montanhas, não autorizava a desistência de uma comunhão para ir admirar, por exemplo, o nascer do sol: um princípio tão rígido que não quis sujeitar os menores a ele. Todas as noites, faziam a oração em família, seguida da sua bênção.

No tempo de Natal, diante do presépio montado no quarto das crianças, cada um tinha um cordeiro e uma vela aos quais se fazia avançar ou recuar segundo o comportamento do dia. A cerimoniazinha terminava com uma oração e um cântico.

Para assistir às três missas da meia-noite, todos — pais, crianças (a partir dos cinco anos), empregados — saíam de casa. Se ficasse um caçula, confiavam-no à proteção do seu anjo da guarda.

Quando chegava o momento de os jovens se orientarem para o futuro, a mãe acolhia com mais desvelo as suas palavras e redobrava as orações. Para além das contigências humanas, buscava ela a realização da vontade divina.

"O que Deus quiser — dizia ela —, o que Ele fizer de vocês, será bem feito. Eu não gostaria de Lhe pedir nada para vocês. Ele sabe muito melhor do que eu a vocação que lhes convém".

Mas não recuava diante de uma pergunta incisiva. Eis uma carta em que busca esclarecer uma de suas filhas, aluna interna no pensionato das Irmãs Bernardinas do Bom Socorro:

> A vocação religiosa é elevadíssima e objeto de graças particulares do bom Deus, já a do matrimônio é menos perfeita e, por si só, menos santificante. Enquanto a alma religiosa só encontra alimento para a piedade, a alma piedosa no mundo, ao contrário, encontra frequentemente no seu entorno elementos que contrariam ou ao menos enfraquecem a piedade. Entretanto, Deus não chama a todos para a vida religiosa, e podemos ser santos em todos os estados de vida. Se uma pessoa tiver inclinação para a vida religiosa e Deus

> a conduzir até ela, a coisa é muito simples: após o doloroso sacrifício da separação, a alma ganha um caminho direto e já bem traçado. Se a alma for chamada para a vocação do matrimônio, ou, melhor ainda, se for chamada a cooperar na obra criadora, na obra da paternidade de Deus, é preciso que encontre, na grandeza dos seus deveres e no grande desejo de agradar a Deus, o alimento da sua piedade. As provações, as alegrias, as penas, vão igualmente nutri-la. Mas quantas almas — a grande maioria — não se elevam acima da mediocridade das coisas! Almas inteiramente presas ao nível natural, que, nas mil necessidades da vida, nas afeições pouco espiritualizadas, são incapazes de se elevar até onde Deus as espera.
>
> Minha pequena [...], se mais tarde você viesse a ser uma dessas almas vulgares e banais, eu pediria de todo meu coração ao bom Deus para conduzi-la à vida religiosa. Mas o que desejo antes de tudo, e unicamente, é que seja feita a vontade d'Ele. [...] E sempre rezo muito para que Ele te faça conhecê-la no momento propício. Não determine nada, antes do tempo, em seu espírito. Todos pertencemos a Deus e não temos o direito de dispor de nós mesmos antes que Ele tenha falado. E Ele tem mil maneiras de fazê-lo. Enquanto isso não acontece, não diga: "Acho que sou feita para o casamento". Diga simplesmente que, até o momento, você não se crê chamada à vida religiosa. Que Deus continue sendo mestre e senhor, para decidir em um ou em outro sentido. Gosto de imaginar, quando penso em ti, uma criança que se encontra completamente nas mãos divinas e inteiramente disposta a se submeter aos desígnios da Providência. É assim que alegremente te receberei, não tendo outro desejo senão aquele que Deus tem para ti.

Essa carta, escrita em 14 de julho de 1922 à filha mais velha, e na qual havia meditado durante o recolhimento de um retiro, foi conservada pelas Irmãs Bernardinas. E, todo ano, as alunas escutam sua leitura no retiro, ao final dos estudos.

Quando seus filhos se consagravam a Deus, a Sra. Lefebvre sentia que as responsabilidades de mãe cresciam. Assim, para apoiar o filho mais velho que acabava de tomar a batina, quis, como ele, romper com as modas do mundo. Sem importar-se com o que diriam as pessoas, passou a usar apenas preto, em rigorosa modéstia. Mais tarde se esforçará por recitar o Breviário Romano, mas um trabalho muito árduo a obrigará a abandonar a prática. Ela se contentará em rezar uma parte do Ofício de Nossa Senhora, em "espírito de imitação", dizia ela.

Quando a regra monástica lhe permitia visitar os filhos em seus mosteiros, jamais perdia essas oportunidades. E como eram desejadas! Essas visitas, com suas conversas simples e alegres, eram fonte de luz e conforto. A uma de suas filhas, que lhe confidenciava a alegria de estar no noviciado e as abundantes consolações que sentia, responde ela: "Você ainda não começou o noviciado!" Contudo, com o advento das provações e diante de novas confidências: "Ah! Agora, sim, você está começando o noviciado. Tome bastante cuidado de ser simplesmente Jesus".

Ela escrevia aos filhos que estavam longe. Guardaram-se cerca de duzentas cartas, talvez apenas a quinta parte de sua imensa correspondência. Acompanhar a vida de três missionários e duas religiosas, com tão pouco tempo livre, era demais para ela. Pensou em aliviar o trabalho datilografando cinco cópias e acrescentando, conforme a necessidade, algumas linhas mais personalizadas para cada um. Mas reclamavam: "Não vemos mais a letra da mamãe!". Então, de bom grado, retomou a pena. Após fechar as contas da fábrica e botar a casa em ordem, consagrava os domingos aos filhos. Consumia suas noites: "Onze e meia da noite, escreve à filha, começo por você..." E a pena voava: cada um tinha sua vez. Eram seus pensamentos e, sobretudo, seu coração que transmitia nas cartas. As conversas à grade do locutório encorajavam suas religiosas, mas as cartas estimulavam seus missionários a um apostolado mais e mais generoso, pois que, para além dos acontecimentos familiares, recebidos com gratidão; para além das considerações de ordem social, ela falava da oração, da vida sobrenatural, do amor a Jesus e Maria e do acréscimo do reino de Deus. Os cansaços que a mãe se impunha desapareciam com a lembrança da bela obra que os filhos realizavam. Em 26 de maio de 1926, escreve ela durante um retiro: "Eu sou uma mãe felicíssima. Que de melhor pode haver do que ver as pessoas que a Providência lhe confiou alcançarem com louvor o objetivo da sua existência!".

Ao contemplarmos sua dedicação incansável ao papel de educadora, fica fácil adivinhar a profundidade do seu amor maternal. No entanto, a discrição nas manifestações exteriores de afeição, bem como a aparente insensibilidade no momento das separações difíceis, deixaram dúvidas em algumas pessoas. Seus filhos, porém, não se enganavam. Em cada um dos seus atos — em seus incomparáveis sorrisos, no beijo especial sobre a testa, todas as noites —, sentiam eles a doçura de uma inexprimível afeição. Uma mãe pertence a todos. Assim, queria evitar preferências, de modo que cada um pudesse sentir-se o mais amado, ainda que alimentasse pelo mais velho uma solicitude especial: "Seu primeiro", dizia ela, afastado da família desde os catorze anos por conta da guerra.

Como mãe atenta aos menores atos, guarda os gestos que quer conservar na lembrança. Um pequeno sacrifício aos dois anos de idade, um sonho, uma confidência... Temendo demasiada sensibilidade em seu amor, busca torná-lo sobrenatural, não à custa de práticas austeras, mas de forma delicada: por exemplo, só dá o primeiro beijo na criança após o batismo; confia o frágil serzinho ao anjo da guarda dele, e recita todos os dias por ele, como por todos os demais, a seguinte oração: "Que meus queridos filhos sejam vitoriosos em todas as tentações!".

Outro exercício muito simples que se impunha era o de adorar a Deus na alma dos seus filhos. Com a partida do filho mais velho para as missões, escreve-lhe: "Eu passei o dia contigo ontem e um pouco da noite também. Quero dizer que, tendo perdido o sono à meia-noite, estive de coração junto a ti, no momento em que deixava a costa. Adorei a Nosso Senhor em ti, te pedindo força, graças e quase mesmo consolações".

Em suas anotações particulares, sempre retoma a esse tema, especialmente ao das primeiras comunhões. Quando, no dia 15 de agosto de 1930, a filha caçula recebeu a Jesus pela primeira vez, exclama a mãe: "Como agradeço a Jesus podermos oferecer-lhe agora dez tabernáculos para repousar!", ou seja, o coração do marido, o seu e o dos oito filhos.

Nestas alturas, o amor maternal é transformado, mas, para chegar a essa transformação, operou-se nela uma grande mudança, da qual estava consciente.

> Ah, sim, meu Jesus, Vós haveis de me ajudar a me desapegar, a me purificar nos dons que me destes livremente, e que podeis retirar quando quiseres [...]. Nesta noite, provei um pouco da impressão destas palavras: "Mas, e se tu te apegares a meus dons? [...]" Quando me apego a vossos dons, ó Jesus, recuso-Vos um olhar. Posso culpar-Vos por me amares demais?
>
> Vós me destes meus filhos, mas acaso não é unicamente para que eu faça voltar a Vós a glória que esperais deles? Por que, então, não me preocupar apenas com esse objetivo? Vós não me impedis de amá-los em Vós e desfrutar da glória que se refletirá em Vós com suas ações. Mas Vós vos entristeceis com o fato de que, demorando-me nas considerações de como vossos dons são amáveis, eu os desvie de seu objetivo ao apropriar-me deles um instante... Assim, não apenas Vos esqueço ao fixar-me em vossos dons, mas ainda usurpo os direitos ao fazê-los servirem a outro fim.

Com essa delicadeza, quis ela ordenar a Deus todos os movimentos de seu coração. Sua sensibilidade tornava-se cada vez mais viva. Convocada, certo dia, a uma reunião das enfermeiras de Lourdes, compareceu da maneira mais natural do mundo e tomou parte nas discussões sugeridas no programa. E, todavia, era a véspera da partida de uma de suas filhas para o convento. Na saída, a presidente da reunião, sem suspeitar de nada, perguntou-lhe como iam seus filhos. Era demais: a Sra. Lefebvre de repente irrompe em soluços. Surpresa ela mesma com essa emoção inesperada, desculpa-se e recobra rapidamente a compostura. Porém, essa revelação de seu amor maternal, ainda mais comovente por ter sido involuntária, toca tão profundamente a interlocutora que, daí em diante, esta não deixará de lhe demonstrar uma simpatia cheia de veneração.

Escreve a valente católica durante um de seus retiros: "Não há nada que arranque tantos pedaços de nós mesmos como essas separações, ainda que parciais, dos filhos que amamos". E em uma carta do dia 26 de abril de 1931: "Parece que, quanto mais os afetos são enraizados em Deus, mais custa desapegar-se deles".

Após tais confidências, pode-se ver o quanto esses múltiplos oferecimentos constituíam provações ao seu coração. Entretanto, impregnada como estava de um grande ímpeto sobrenatural, não recuava diante de nenhum sacrifício, quando se tratava de satisfazer a vontade divina.

Os cinco mais velhos na casa do tio Léon
Rua do Grand-Chemin, Roubaix, 1913

Na praia
1905

CAPÍTULO V: O DESABROCHAR APOSTÓLICO

No dia 19 de março de 1929, Christiane Marie vestia o hábito de carmelita. O pregador deste dia, ao parabenizar os pais, lhes dedicou o texto de São Paulo: "Eles usam deste mundo, como se dele não usassem".[1] Não era um elogio banal, mas a verdade. Jamais a mãe buscara satisfazer seus gostos pessoais, os familiares próximos mal podiam percebê-los. Jamais, para seu próprio prazer, foi vista no cinema ou em outras reuniões mundanas. O marido não conhecia outras distrações, além da peregrinação de Lourdes, da qual participava duas vezes por ano, como maqueiro. Estavam "no mundo sem ser do mundo". Além disso, em seus corações não habitava frivolidade ou egoísmo, mas a consciência lúcida dos deveres.

Foi assim que, sem querer, unicamente porque estava disponível nas mãos de Deus, a Sra. Lefebvre exerceu uma influência duradoura. Ela irradiou sua fé ao máximo.

A própria família foi a primeira a beneficiar-se disso. Não era mais do que justiça e reconhecimento de sua parte, como ela mesma confessa à sua tia Bernardine, em 12 de novembro de 1919:

> E eis nosso querido papai morto! Como o amávamos! Contemplando-o tão pacífico em seu leito de morte, parecia que o víamos novamente nas melhores épocas de sua vida, quando desfrutava plenamente da pequena família. Quantos exemplos recebemos! Quanto podemos agradecer ao bom Deus por termos tido um pai que trazia consigo e para seu entorno a paz e a calma! Por isso, e por uma espécie de herança, carregamos em nós um dos melhores elementos da felicidade, sem que tenhamos feito nada para merecê-lo!

[1] I Cor 7, 31

> E nossa mãe, nossa querida mamãe, também vai muito bem física e, sobretudo, moralmente. Tenho a impressão de que ela está atravessando esta grande provação cristãmente, no sentido mais absoluto da palavra. Apesar de tudo, é a ação de graças que mais uma vez prevalece nela. Ela está agradecendo a Deus por todas as graças do passado e do presente, pois reconhece que está sendo, neste momento, maravilhosamente amparada. E está tão cheia de piedosos desejos para o futuro que não duvida um instante sequer da assistência divina. A lembrança do papai, aliás, deve servir-lhe de grande consolação: seus últimos momentos foram simples, assim como sua vida. Papai sempre pregou mais pelo exemplo do que pela palavra. Quando íamos visitá-lo, ele nos acolhia sempre com o mesmo sorriso. E, no entanto, ele já devia estar lutando com o sofrimento, em todas as suas formas, dada sua doença [...]. Ele está gozando agora do fruto de todas as virtudes e nos protegendo...

No norte da França, as reuniões de família são frequentes e de grande importância. Para torná-las cordiais e tranquilas, os Watine-Lorthiois estabeleceram uma regra que a Sra. Lefebvre, com sua discreta influência, conseguiu que se observasse: "Nada de negócios, nem de política". Com caridade delicadíssima e amável bom-humor, era a alegria dessas reuniões.

Em 1925, a Sra. Lefebvre esperava um bebê. O marido, temendo de novo por sua saúde, aluga uma propriedade em Bondues: uma casa de campo onde ela viveu por mais de dois anos. Ela, então, só conseguia deslocar-se de forma muito inconstante. Lamentava-se sua mãe: "Quando minha pequena Gabrielle não está, as reuniões já não são alegres".

Quando por sua vez recebia visitas em casa, tudo era simples e de bom gosto. Certos convidados talvez desejassem uma comida mais requintada, porém, diante de uma acolhida tão franca e cordial, saíam encantados, como mostra o curto bilhete de seu diretor espiritual, o Padre Huré:

> Saboreamos em sua casa uma alegria pacífica e amável. [...] Oh! É bem verdade que a piedade desenvolve o sentido da delicadeza, refinando-o. Disso tivemos prova em seu acolhimento afetuoso e discreto, e em sua simplicidade, que é a cortesia dos santos.

A cada mês, no domingo, reunia suas três parentes mais veneradas: a sempre fervorosa mãe, a tia Jeanne, a quem ela olhava como modelo de alma sofrida e serena, e, por fim, a irmã mais velha, Marguerite-Marie, viúva que ficou sozinha, depois de entregar três filhos a Deus.

"As reuniõezinhas, tão íntimas e logo tão piedosas, diria eu, — escreve ela — são sempre muito agradáveis". O Sr. Lefebvre tinha o costume de participar das reuniões. Diziam que era a reunião dos santos da família.

Dedicava-se a todos. Sua tia, que ficara cega, e que muitas vezes ela guiava, sempre a chamava "seu bom anjo". De bom grado se dedicava também a outro cego, um tio por parte do marido, assíduo frequentador do mosteiro cisterciense da Trapa, que um vez por ano tirava oito dias de repouso na casa do sobrinho. A respeito desses dois cegos, observava a santa mulher: "Posso fazer comparações que, transpostas ao plano espiritual, são muito interessantes: minha tia se deixa conduzir, abandona-se totalmente a quem a guia. Já meu tio é mais receoso. Ele resiste, às vezes, quando se crê diante de um obstáculo, a ponto de fazer-me tropeçar ou obrigar-me a arrastá-lo para fazê-lo avançar". E concluía que havia mais vantagem em imitar a tia, ou seja, abandonar-se nas mãos de Deus.

Sua irmã mais velha, Marguerite-Marie, vice-presidente da Ordem Terceira Franciscana, era uma santa alma que o sofrimento provara dolorosamente: pouco a pouco o mal de Parkinson a reduziu à incapacidade. A Sra. Lefebvre a ajudava com todo o carinho, e chegou a passar oito noites consecutivas em sua casa para oferecer-lhe os cuidados necessários.

Já que estamos falando da família, recordemos este episódio contado por uma de suas sobrinhas, que então estudava no externato da Imaculada, em Tourcoing, na Praça Notre Dame. A Sra. Lefebvre trabalhava no dispensário da Cruz Vermelha, que se encontrava, e se encontra ainda, na Rua do Tilleul. Voltando para casa, passava pela Rua Saint-Jacques.

> Todas as segundas — conta a sobrinha — eu e uma de minhas irmãs cruzávamos com ela, sempre acompanhada da senhora X..., enfermeira como ela. Por educação, nós a cumprimentávamos, mas nunca obtínhamos resposta. Um dia, de brincadeira, nós a provocamos, gritando bem forte: — Bom dia, tia Gabrielle! Porém, absorta em uma conversa que devia estar interessante, ela não escutou. Mais tarde, durante a reunião de família, como ficou surpresa quando lhe disse que passava por ela toda semana"!

Isso não impedia a sobrinha de ter em alta estima a virtude da tia. Outra de suas sobrinhas dedicava-lhe um verdadeiro culto. Nas reuniões não parava de fitá-la. Resplandecia nela uma aura divina, sua atitude convidava à santidade.

Esta foi a impressão que ela deixou em todos os que lhe eram íntimos, que hoje pedem sua intercessão e a veneram.

Para além do círculo familiar, havia as amigas. As ex-alunas de Esquermes nos contam sobre sua fidelidade às reuniões: tarefas da casa, obras de apostolado, contabilidade da fábrica, longa estrada a percorrer, às vezes tudo concorria para impedi-la de comparecer a elas. Ainda assim fazia questão de participar ao menos um pouco, e, como que em um pedido de desculpas pelo atraso, chegava com uma grande gargalhada que enchia os corações de alegria.

Sempre que alguma de suas amigas estava enferma ou em dificuldades, a Sra. Lefebvre sacrificava suas tarefas para lhe fazer uma visitinha. Com tato e discrição, encontrava palavras de encorajamento.

Entediava-se nos ambientes mundanos, onde a atmosfera, demasiado impermeável, não lhe permitia expandir as efusões sobrenaturais de seu coração.

> Para fazer bela figura nesses ambientes — dizia —, seria preciso conhecer as últimas novidades da moda, o último filme, o último romance, a última peça de teatro. Para aquelas que participam, compreendo que seja um verdadeiro treino, mas céus: que perda de tempo! Que escravidão!

Se por acaso encontrasse, ao contrário, uma alma marcada pelas dores da provação ou capaz de compreendê-la, então se entregava com uma alegre espontaneidade. Jamais, a amizade se esgotaria, pois a fonte estava em Deus. Diversas pessoas, vítimas da ingratidão, do abandono, de dificuldades morais ou financeiras, poderiam testemunhá-lo.

Duas dessas pessoas foram particularmente íntimas da Sra. Lefebvre. A primeira, que não tivera filhos e enviuvara ao fim da vida, era demasiado ensimesmada. Para dissipar sua melancolia, precisava ser apoiada com inteligência e bondade.

A segunda, viúva de um artista e poeta de alma elevada, a quem amara de paixão, vibrava como um eco aos ardentes acordes de sua amiga. Quando teve contato com esse coração doloroso, no qual se devia introduzir suavemente a resignação, a Sra. Lefebvre compreendeu a missão consoladora de que fora incumbida. Por meio de visitas, orações e cartas, dedicou-se a isto incansavelmente. A maioria das cartas foi conservada. O tom é simples e leve, as reflexões sobrenaturais trazem detalhes da vida familiar. Afeição, confiança, energia, educação, toda uma gama de sentimentos e deveres ressoam nessas cartas.

A afeição:

> Tu sabes que, todas as manhãs, diante do bom Deus, não a esqueço. Um privilégio que não é, de fato, muito grande, mas que em todo caso é único, pois é de todo coração que tu passas por meus pensamentos, com minhas afeições mais íntimas.

A confiança:

Com alegria eu te abandonaria a teu Esposo real! Que o bom Deus me humilhe se não sou digna de ter pronunciado aqui esse nome tão doce! E, no entanto, não me arrependo de tê-lo pronunciado. Aprendi, desde o momento em que Deus foi tão bom comigo, aprendi que Jesus é o Esposo verdadeiro das almas, em qualquer condição de vida que elas se encontrem [...]. Ah, bendigamos juntas ao Senhor e busquemos os méritos para conhecê-Lo melhor. Tu tens mais direitos que eu à Sua afeição, uma vez que fostes santificada pelas provações. Se as penas aqui desta terra serão mais tarde transformadas em alegrias, que felicidade não será a sua?

Em todas as coisas, o melhor é não pensar no amanhã. O bom Deus acaso não a apoiou na aceitação de seu sacrifício? E acaso essa provação não nos teria parecido realmente além de tuas forças, se não tivéssemos a fé no socorro divino, que jamais falha? Eu te asseguro que estou confiante de que a graça de Deus dará a seus queridos (netos) a sabedoria e a maturidade que lhes dariam a autoridade e o prestígio paternos daquele que Ele chamou para si...

A educação:

Retornarás (de Thonon) embebida da lembrança de Santa Joana de Chantal, que tu amas tanto e que eu gostaria de conhecer melhor. Terás recobrado também um gostinho por tua vida futura, já que estás recomeçando a dedicar-te a teus queridos netos. É uma tarefa que pode às vezes parecer-te bem pesada, minha querida C. (Christiane Marie), mas que será para ti uma grande fonte de mérito e de glória mais tarde.

O agradecimento:

Há uma frasezinha que me soou meio estranha, no que me disseste: minha vida de prazer acabou, os sacrifícios estão apenas começando... E, se não me engano, quase me parece que há um pouco de desânimo no fundo. Mas, escuta, sinceramente, se a vida fosse apenas prazer, valeria a pena lamentar sua falta? Sei bem que com essas palavras tu quiseste dizer

> muito mais; contudo, vendo só por essa nova perspectiva, quer dizer que tu só tiveste sacrifícios? E Deus acaso não se encarregou de lhe enviar muitas consolações? Tiveste muitas perdas, mais ainda do que podemos imaginar ao pensarmos no futuro, que ainda é capaz de te reservar todo tipo de coisa. São assuntos de Deus, mas te asseguro que também ganhaste muito ao aprofundar-te mais no conhecimento e no amor do bom Deus. E imagino, unindo-me ao máximo a teu sacrifício, como bem sabes, que tu serias verdadeiramente ingrata, se não tivesse esse pensamento sempre diante dos olhos.

O sacrifício:

> Esqueci-me também de falar-te do conselho que tu me pediste. Em si, isso tem muita pouca importância e, se de fato tu não encontrasses essa joia, eu acharia bastante natural que tu comprasses outra igual, ou, ao menos, não veria razão alguma nem para elogio nem para censura. Porém, se fazendo o sacrifício, tu causasses uma boa influência em X..., então eu ficaria bastante inclinada a oferecer esse belo ato a Deus. Os reconhecimentos de Deus seriam infinitamente mais preciosos que o objeto sacrificado: um mínimo progresso em uma alma vale mais do que todo o ouro do mundo. Você sente isso mais do que qualquer pessoa.

Afirma a amiga agradecida: "acho Gabrielle melhor do que um padre jesuíta". Paralisada pelo reumatismo, a amiga continua recebendo suas visitas tão desejadas. A morte as separou por dois meses apenas. Gabrielle partiu por primeiro, predizendo à amiga que esta teria uma boa enfermeira em seus últimos momentos e que, depois, seria perfeitamente feliz — profecia esta que se realizou. Acometida por uma febre que intrigava até mesmo os médicos especialistas de Paris, esta senhora, que tinha tanto medo da morte, partiu suavemente, para grande surpresa da família.

Com uma conduta digna e reservada em relação aos empregados domésticos, a piedosa dona de casa sabia dar-lhes o apoio religioso e moral do qual necessitavam. Todas as manhãs, cedia-lhes algumas horas de folga para irem à missa. Vigiava com discrição as saídas e, quando havia encontros com vistas ao casamento, convidava-os amavelmente para que o fizessem em sua casa e não na rua.

Uma das empregadas, cuja dedicação apreciava, expressou o desejo de entrar na vida religiosa. Longe de contrariá-la, a Sra. Lefebvre a encorajou a seguir a vocação. Todos os anos, escrevia-lhe cartas, presenteando-a com mimos. Em certa época, acolheu em casa duas terciárias enfermas. Uma delas, amargurada por seu doloroso estado, tinha um caráter difícil. Seguindo o exemplo dos santos, a Sra. Lefebvre a estimava como um tesouro, e cuidava dela todas as noites, sendo substituída por sua filha mais velha, quando havia algum impedimento. À força de paciência e condescendência, consegue transformar a segunda senhora em uma boa camareira. Ambas não paravam de tecer elogios à sua dedicada senhora.

Encontramos os mesmos elogios saindo da boca da pessoa que foi sua cozinheira por mais de vinte anos. Apesar de nem sempre compreender o ponto de vista de sua senhora, que lhe parecia às vezes ultrapassar os limites da prudência humana, considerava-a uma santa. Em tão boa escola, muitas empregadas fizeram verdadeiros progressos na piedade.

Buscava facilitar as tarefas, não por meio de prescrições minuciosas que sufocam as iniciativas, mas sim pela regularidade nos horários das refeições e pela divisão do trabalho. Definiam as refeições ordinárias por cardápios semanais; já as refeições extraordinárias, com alguns dias de antecedência.

Durante os dez anos em que foi contadora na fábrica, a Sra. Lefebvre ganhou a confiança dos operários. Sua situação e sua natural dignidade poderiam tê-los intimidado e, assim, os afastado, mas a simplicidade de seu acolhimento e a gentileza acompanhada de um sorriso amável eliminavam as hesitações. Se surgisse algum caso embaraçoso, uma dificuldade específica, um sofrimento moral talvez, buscavam sempre a "senhora René", como era chamada, com respeitosa familiaridade. Acontecia até mesmo de, diante de certas reflexões ou trâmites, a Sra. Lefebvre dizer, sorrindo: "Acaso não há mais ninguém além da Sra. René na fábrica"?

Cuidava especialmente de seu pequeno grupo do escritório. Quando se precisava preencher uma vaga, rezava e fazia com que os demais rezassem, para que a nova funcionária fosse de "bom espírito". Cada dia de trabalho começava com uma oraçãozinha. Graças à sua caridade e à sua atividade, criava tal atmosfera de paz que um empregado, de crença incerta, dizia: "Vendo a Sra. René viver, não podemos deixar de acreditar que existe um Deus".

E, quando faleceu, lamentaram sua perda como a de uma mãe. Espontaneamente, todos uniram-se para pôr em seu túmulo uma placa comemorativa.

Ao falar das relações da Sra. Lefebvre, correríamos o risco de sermos redundantes, e portanto seremos breves. Cumpre dizer que por toda parte, em sua casa, na rua, nas obras, nas visitas, pela figura modesta e pela conversação amável, irradiava Nosso Senhor. Por toda parte, sua presença edificava.

Escreve uma paroquiana de Nossa Senhora de Tourcoing:

> Com bastante frequência, tive a ocasião de assistir à missa não muito longe da Sra. Lefebvre e fui realmente edificada por sua piedade e seu recolhimento, sobretudo após a santa comunhão. Eu a via tão absorta em Deus que observá-la não era uma distração, era um chamado à santidade, um apelo que ela difundia inconscientemente em seu entorno.

Tais testemunhos poderiam se multiplicar. Já demos alguns, outros se seguirão.

Sempre autêntica e amada por todos os familiares, nunca teve o desejo de sair de seu círculo social, por mais que o marido tivesse criado laços importantes na sociedade que frequentava em Lourdes. Um dia, insistiu para apresentá-la à Imperatriz Zita, por quem tinha ele grande veneração. Carregando secretamente na mala o mais belo traje da esposa, foram ambos à Bruxelas, para um encontro marcado. Após combinar uma visita por telefone, informou a Gabrielle. Esta, surpresa, termina por ir à reunião de boa vontade, e a imperatriz, encantada, guardou desta visita uma lembrança edificante. Essas duas almas delicadas logo se entenderam.

Terminemos por seu apostolado com os doentes. Pela generosa iniciativa do Sr. e Sra. Legrand-Desurmont, organizou-se em 1908 um dispensário, em Tourcoing, na Rua do Tilleul. Desde o princípio, as Filhas da Sabedoria se encarregaram dos cuidados e da manutenção dele. Para ajudá-las, recorreram à dedicação de pessoas da sociedade. A Sra. Lefebvre prontamente respondeu ao chamado. Assistiu às aulas da Cruz Vermelha e, em 25 de março de 1910, após aprovação nos exames, tornava-se enfermeira. Ao final desse mês, participou da primeira reunião de apresentação no dispensário e se inscreveu para servir uma manhã e uma tarde por semana.

Desde então, conforme sua promessa, passou a consagrar os momentos livres aos doentes. As duas religiosas que estavam encarregadas da obra nascente tiveram a bondade de nos transmitir suas lembranças a respeito da Sra. Lefebvre. Eis aqui, em primeiro lugar, o relato da boa Madre Philomène do Santíssimo Sacramento:

> A Sra. Lefebvre assumiu a direção do dispensário, sobretudo durante a guerra de 1914. Tive o prazer de apreciá-la em seu trabalho. Tratava as feridas do corpo com extrema delicadeza, mas o rosto refletia a vida interior. Ela me parecia o instrumento da Santíssima Virgem, moldando-se a seu Divino Modelo como Maria, cheia de bondade e de compaixão por todas as misérias e infortúnios. Seus traços permanecem ainda muito presentes: falava pouco, sorria constantemente,

> cuidava de seus queridos filhos com amor, feliz por fazer com que os pobres do dispensário se beneficiassem dos sacrifícios deles. Esquecia de si totalmente para oferecer a Deus toda a glória no cumprimento integral do dever de estado.

Por sua vez, falando da Sra. Lefebvre, afirma a querida irmã Pascal:

> No dispensário, nós a víamos (a Sra. Lefebvre) sempre buscar os mais pobres e fazer o trabalho que desagradava às outras senhoras. Todos os dias, punha a sobremesa de seus filhos na caixa destinada aos desamparados. Sem fazer ruído nem alarde, trabalhava apenas para o bom Deus.

Aquilo que fazia de maneira habitual em Tourcoing realizava temporariamente em Lourdes, consagrando sua peregrinação anual ao cuidado dos doentes. Sem querer ressaltar a beleza de seu gesto, sem mesmo o suspeitar, escreve:

> Escolho de preferência os doentes dos pequenos carrinhos, que são frequentemente abandonados por causa de suas enfermidades. Esses pobres infelizes não podem se mexer nem pedir qualquer ajuda...

Ao final da vida, com a saúde debilitada, aceitou os serviços do hospital. Essa espécie de enclausuramento meritório permitiu-lhe um contato mais íntimo com os doentes. Na ausência de curas corporais, foi testemunha de curas morais que a alegravam e a estimulavam a suportar todas as privações, para incentivar a efusão das graças advindas das mãos da Santíssima Virgem.

Sua felicidade teria sido, a exemplo da sogra, visitar os doentes no domicílio. Pela falta de tempo, nunca conseguiu realizar este sonho. Todavia, no começo da guerra de 1914, entregou-se diariamente aos cuidados dos feridos do ambulatório, instalados no colégio de Tourcoing. Não hesitava em percorrer 25 quilômetros a pé para buscar em Lille os medicamentos indispensáveis.

Os pobres, que, no mais, são como os doentes, continuavam a ser também uma de suas preocupações. Ela e o marido faziam parte da Conferência de São Vicente de Paulo. Cada criança das famílias que visitavam encontrava, no Natal, um embrulhinho no belo presépio que ela montava em casa. Apoio material e socorro moral iam de mãos dadas em seu apostolado, cujo grande valor era de ordem sobrenatural.

Com a filha Marie-Thérèse

1932

CAPÍTULO 6: A TERCIÁRIA FRANCISCANA

Às vezes compreendemos mal o que é uma ordem terceira. Naturalmente, comparamo-la com alguma irmandade antiquada que vai morrendo aos poucos.

Mas a ordem terceira não é nada disso. Pode-se defini-la de forma breve: é a vida religiosa ao alcance dos cristãos do mundo. Vida religiosa sem votos, mas impregnada do espírito do fundador e contendo as exigências dos conselhos evangélicos. Compreende-se então que a Ordem Terceira Franciscana — pois é dela que aqui se trata — ofereça às almas generosas meios preciosos para atingir a perfeição.

As fraternidades de Roubaix, dirigidas pelos padres franciscanos, floresciam: contavam-se centenas de irmãos e irmãs. A Sra. Watine, mãe de Gabrielle Lefebvre, era presidente da Fraternidade de Irmãs. No entanto, a filha não era membro da ordem terceira, pois nunca percebera sua importância. Instalada em Tourcoing desde o casamento, Gabrielle simplesmente prosseguia sua vida de católica. Confrontada com as responsabilidades de ser mamãe, buscou aprofundar-se na piedade. Formar a alma do filho que Deus acabava de lhe enviar, orientá-la ao céu, em resumo, santificá-la, pareceu-lhe uma tarefa além de suas forças: recorreu à ordem terceira.

As fraternidades de Tourcoing, menos numerosas que as de Roubaix, estavam há muitos anos sob a direção do superior dos padres da Companhia de Maria.

Em 21 de novembro de 1903, a Sra. Lefebvre foi admitida à tomada de hábito. Com o fim do noviciado, fez a profissão no dia 10 de fevereiro, sob o nome de Irmã João da Cruz.

Neste mesmo ano, chegava a Tourcoing como superior dos padres e, portanto, como diretor da Ordem Terceira, o reverendo Padre Joseph Huré. Padre da diocese de Angers, antes de sua entrada na Companhia de Maria, pertencera à Ordem Terceira Franciscana. Escreveram a seu respeito: "Existem harmonias preestabelecidas pelas quais a Providência dispõe tudo para atingir seus objetivos". O Padre Huré era terciário quando leigo. Portanto, conhecia a obra. Ele amava São Francisco e o espírito franciscano, gostava das festas da Ordem Terceira como se fossem festas de família.

Sob sua direção, a Fraternidade de Tourcoing recobrou o ânimo. O recrutamento e a formação foram acompanhados de perto. As instruções bem adaptadas elevaram o nível da vida espiritual. Uma boa biblioteca e o brilho das festas franciscanas reaproximaram de sua comunidade os membros, enquanto os retiros anuais, cuja maioria era financiada pelo próprio superior, inflamavam o fogo sagrado nas almas. E o que dizer das inúmeras luzes e graças recebidas por tantas almas, por meio das conversas e da direção do superior!

Logrou criar na comunidade de Tourcoing uma atmosfera espiritual elevadíssima na qual as almas, nutridas pelo espírito franciscano, conseguiam florescer tornando-se elas também apóstolos. Era o objetivo que se propusera o diretor.

Rapidamente compreendeu a considerável ajuda que a Sra. Lefebvre, por sua profunda vida espiritual, podia dar-lhe. Preparou-a com pulso firme para a missão. Nas eleições seguintes, designaram-na para fazer parte do "discretório/*discrétoire*", nome dado à assembleia de irmãs que estão no comando da fraternidade. Preservar e aumentar a piedade, preparar as reuniões do mês, a celebração das festas, decidir a data da visita canônica, trabalhar no recrutamento de novos membros, identificar os doentes, enfim, favorecer, de pleno acordo com o diretor, tudo aquilo que pudesse contribuir para o progresso da Ordem Terceira, são as principais atribuições do Discretório, que exerce papel fundamental no andamento da obra.

Em 1912, a Sra. Lefebvre foi nomeada presidente. Até então, conservava-se na fraternidade uma espécie de veneração pelas mais velhas e, por mais que já tivesse passado dos trinta anos de idade, consideravam a recém-eleita jovem. Sua situação se mostrava, portanto, delicada. Conversa a esse respeito com o Padre Huré e lhe expõe ao mesmo tempo a pouca aptidão para falar em público. Mantida a decisão, aceita-a e, graças à sua agradável simplicidade, soube atenuar o espanto causado pela rápida ascensão. Não apenas conquistou aceitação das mais velhas, mas logo conquistará a estima delas.

Antes de cada reunião do discretório, estabelecia um programa preciso e o submetia ao padre, a fim de ouvir suas observações. Moderadora muito sábia, expunha sua opinião e debatia o quanto fosse necessário, com paciente energia. De forma alguma fechava-se às inovações que fossem razoáveis. Sabia afastar as ideias arriscadas, e dessa forma as reuniões tornavam-se apostólicas e familiares.

A fim de manter contato com uma grande Fraternidade interparoquial, o discretório nomeou responsáveis por bairro, chamadas de "*décadas*". A presidente as convocava a cada três meses e manifestava grande zelo pela santificação das almas, pedindo esforços cada vez mais generosos: visitas aos doentes, atividades a domicílio, distribuição regular do boletim mensal: inúmeros projetos que incentivava para estimular as negligentes.

Essas diferentes reuniões não eram mais do que uma preparação para as reuniões gerais da Fraternidade, que aconteciam na capela Nossa Senhora dos Anjos, Rua do Tilleul.

Construída em 1871 pelos padres monfortinos, graças à generosidade dos habitantes de Tourcoing, essa capela havia sido fechada no momento da expulsão dos religiosos, em 1901. No entanto, era possível acessá-la às escondidas por uma porta lateral. Em 1908, um industrial e terciário de bom coração, senhor Joseph Legrand-Desurmont, após obter autorização episcopal, comprou a capela a fim de pô-la novamente à disposição dos padres. A partir de então, foi possível celebrar os ofícios à luz do dia.

Esse santuário recluso favorece a piedade. Os vitrais, de um colorido luminoso, avariados pelos bombardeios de 1944 e hoje felizmente restaurados, representam, com desenhos expressivos, os quinze mistérios do Rosário. O altar, em pedra branca, encimado pela estátua de Nossa Senhora das Vitórias, mal se defende da poeira de carvão que circula, sutil e impalpável, na atmosfera. É uma bela obra, mas cuja escultura excessivamente trabalhada contrasta com a simplicidade do todo. A capela evoca a Santíssima Virgem, mas nem por isso a Ordem Terceira fica esquecida. A via sacra, de estilo flamengo, os quadros do coro, os personagens desenhados abaixo das fachadas, carregam o selo franciscano.

Era nessa capela que se reuniam as irmãs terciárias, nos primeiros domingos e primeiras segundas-feiras de cada mês. Uma terceira reunião mensal ocorria ainda na sala de obras paroquiais da Igreja Nossa Senhora de Lourdes. A superiora se impunha o dever de assistir a todas as reuniões. Nada desencorajava sua vigilante atividade, ainda que seu estado de saúde exigisse mais prudência. Via nisso um dever primordial. Certo dia, um de seus filhos religiosos, ausente há anos, chegava para visitar a família. Sua chegada se dava na hora da reunião da ordem terceira. Em uma mesa bem servida, a mãe prepara um delicioso chá e, sacrificando as doces conversas das primeiras horas, vai à Fraternidade!

Graças à sua posição social, a Sra. Lefebvre atraiu para a ordem terceira grande número de pessoas da alta indústria de Tourcoing. E, devido à sua grande bondade, contribuiu para o recrutamento da classe operária. A Fraternidade de Irmãs chegou a contar com oitocentos membros: jamais havia visto tamanha vitalidade. Se, pelo número, algumas caíam na indiferença, a maioria manifestava grande zelo pela obra. Quanto às demais, o postulantado e o noviciado lhes instruíram sobre os deveres e as prepararam para a profissão. As mestras de noviças, escolhidas com cuidado, estavam à altura da missão e, quando uma ou outra se ausentava, a Sra. Lefebvre estava sempre à disposição para substituí-la. Ninguém se queixava, pelo contrário: todos apreciavam muito suas aulas improvisadas, que não eram mais do que o brilho que refletia de sua alma.

No âmbito da ordem terceira, e sob os conselhos do padre diretor, instituiu duas obras principais. Em primeiro lugar, as "*Cordonistas*". Sem serem inscritos na ordem terceira, os membros desta associação pertenciam à família da Fraternidade, por meio do uso do cordão de São Francisco. No dia da festa do padroeiro, faziam uma procissão na capela e em uma propriedade vizinha. Feliz com a cerimônia, a Sra. Lefebvre a preparava com dedicação, pois via as "Cordonistas" como um berçário das Fraternidades.

A segunda obra que instituiu foi a das vocações monfortinas, cujo objetivo era encontrar ajuda para os candidatos ao sacerdócio. Ainda que contando com os terciários para fornecerem o aporte principal, a fundadora não queria se limitar à generosidade deles, mas englobar todas as famílias que se beneficiavam da direção espiritual dos padres. Ela se obriga, ao menos na primeira vez, a fazer visitas a domicílio. Esta obra atendia a um desejo, pois, após a morte da Sra. Lefebvre, outras almas caridosas a continuaram espontaneamente para o maior bem dos futuros missionários da Companhia de Maria.

Como São João da Cruz, cujo nome usava, a Sra. Lefebvre gostava do recolhimento dos retiros. Todos os anos, o padre diretor convocava certo número de terciárias, algumas vezes no mosteiro das Damas Bernardinas, e outras na casa das religiosas do Cenáculo, em Lille. Durante a Primeira Guerra Mundial foram multiplicados os exercícios. Deles a devota presidente extrai inestimáveis bens para a vida espiritual. Suas anotações nos revelam profundos exames de consciência e desejos de união cada vez mais íntima com Deus. Pode-se dizer que expandia a alma deixando-a bem aberta às inspirações, aos conselhos e às luzes que compunham o maná celeste, que avidamente desejava. Porém, a Sra. Lefebvre não saboreava de maneira egoísta os dons de Deus: por meio de conversas e de conferências, compartilhava-os ao seu redor. As mulheres que fizeram esses retiros permanecem ainda hoje encantadas por suas lembranças.

Escreveu uma delas:

> Oh! Esses dias no Cenáculo, verdadeiros dias no céu! Seria preciso ser um anjo para descrevê-los dignamente! O reverendo Padre Huré e a Sra. Lefebvre organizavam o programa. Ao obedecer-lhe e escutá-los, tínhamos a impressão de sermos consumidas nas chamas de seu amor por Deus, de sermos elevadas bem longe das regiões terrestres e de todas as misérias da guerra, e de atingirmos cumes até então desconhecidos por nossas pobres alminhas.

Dizia ainda outra senhora: "Que grande fervor durante a guerra de 1914-18, nesses retiros fechados de Lille, pregados pelo Padre Huré e organizados pela Sra. Lefebvre! Jamais esquecerei essas lembranças".

Esse contato com as almas assumia o feitio de verdadeiras direções espirituais. A guerra trazia diversos problemas, e de bom grado recorriam à Sra. Lefebvre para resolvê-los. Uma terciária, dividida entre os deveres familiares e a urgência das obras, lhe diz um dia: "Pergunto-me às vezes se meu dever não é ficar em casa e abandonar as obras. No entanto, que são minhas ocupaçõezinhas domésticas em comparação às suas?" E a Sra. Lefebvre lhe responde com um sorriso:

> Eu também por vezes me perguntei a mesma coisa e então me lembrei do catecismo: "Por que Deus nos criou e nos pôs no mundo? Para conhecê-Lo, amá-Lo e servi-Lo, e assim obter a vida eterna". Então já não hesitei e me entreguei às obras, abandonando à Providência as preocupações de meu lar. Quase sempre, voltando da rua, constatei a maravilhosa proteção divina sobre meus filhos e minha casa.

Deu também exemplo da pobreza franciscana. Jamais se vestia com luxo: era sempre distinta, mas muito simples.

Durante toda a vida preferiu ao automóvel o "trem de São Francisco[1]" em detrimento do automóvel.

Quando, ao final da vida, deparou-se com reveses financeiros, agradeceu em seu coração à divina Providência e dizia que já não se perguntava como praticar a pobreza. Porém, sofria por não corresponder completamente às necessidades de certas obras. "Ah!, dizia, eu não teria méritos se pudesse ofercer muito, mas ao mesmo tempo oferecer pouco é de fato doloroso [...] No céu, acredito que poderei oferecer muito".

Ao entrar em uma igreja pela primeira vez, pedia três graças, sempre as mesmas: a primeira, para ela e para seus entes queridos, de ter uma boa morte; a segunda, de ser desapegada interiormente: "que Deus, rezava, examine todo o meu coração"; a terceira, de morrer sem dinheiro nem dívidas.

Em uma peregrinação na Itália, com uma das filhas, em 1928, detém-se não muito longe da Porciúncula, dizendo: "É mais ou menos por aqui que o pintor representa São Francisco morrendo, voltado para Assis. É assim que eu gostaria de morrer: despojada sobre uma terra nua".

Ora, a exemplo de São Francisco, morreu sem dinheiro nem dívidas, o coração desapegado de todo bem material, inflamado do amor de Jesus Cristo. Seu desejo foi atendido.

Com a pobreza, cultivava a parente dela: a simplicidade. Apesar disso, continuava a ser uma pessoa meio distante: o recolhimento no qual se envolvia, e a discrição que guardava, foram as principais causas disso. Os transeuntes, por quem ela passava sem notar, achavam-na orgulhosa. Mesmo os filhos, por vezes intimidados, não ousavam penetrar o santuário de sua alma e ficavam envergonhados de lhe fazer confidências. Não acredito que essa mãe tenha em momento algum notado essa falha, pois, na realidade, era acolhedora para com os

---

[1] Refere-se ao trem que percorria o itinerário entre as cidade de Lilles e Roubaix, ao norte da França.

humildes e os tímidos; sua preferência se voltava aos miseráveis. Nela nada havia de frieza calculada, menos ainda de orgulho altivo e desdenhoso. Talvez deveria ter se interessado mais pelos detalhes da vida cotidiana. Tinha uma alma contemplativa, mas, quando requisitavam sua abnegação ou percebia um desejo, estava presente.

Com a saúde abalada pelas consequências da guerra, o reverendo Padre Huré teve de demitir-se de suas funções. A influência da Sra. Lefebvre, em vez de diminuir, aumentou: recorria-se a ela com total confiança. Esclarecida pelas luzes da fé, seu julgamento se revelava tão seguro! Em total esquecimento de si mesma, escutava, encorajava, aconselhava. Escreve uma terciária: "Sempre me lembrarei dos conselhos extremamente pessoais que ela me deu. E, agora que está no céu, peço que me ajude a pô-los em prática".

Castigada por terríveis provações financeiras e de saúde, conservava um coração totalmente aberto. Jamais se abeirava do próximo com "espírito interesseiro".

A espiritualidade franciscana conquistou verdadeiramente a Sra. Lefebvre. A pobreza, a caridade, a simplicidade que caracterizavam essa espiritualidade encantavam-na. As visitas canônicas lhe constituíam fonte de luz e fervor: amava a oração em comum, que lhe desafogava a alma, e desfrutava das pregações dos padres franciscanos. Em especial, na véspera da festa dos recebimentos dos Estigmas de São Francisco, uma alegria profunda irradiava de seu rosto, sob a influência de uma graça pessoal, a respeito da qual voltaremos a falar. A Ordem Terceira contribuiu muito para sua santificação.

Durante cerca de trinta anos, a Fraternidade não somente renovou-lhe a confiança por meio de sucessivos votos, mas também em uníssono proclamou sua santidade. Diziam dela: "Os santos canonizados não poderiam viver com maior perfeição".

Não conseguimos resistir ao prazer de citar o testemunho seguinte, que resume o que dissemos até aqui:

Todos as pessoas que amaram e veneraram a amada falecida (a Sra. Lefebvre) aguardam o relato de sua vida. Aliás, seria de muito proveito para as almas que elas conhecessem na intimidade até que ponto, por que, como, com que finalidade a alma de outra pessoa conseguiu mostrar-se sempre tão constantemente alegre no cumprimento integral e generoso de todos os deveres de mulher e de mãe, sempre tão aberta e favorável às vontades de Deus para si e para a família; e até que ponto, por que, como, e com que finalidade conseguiu levar a todos o consolo e o encanto de uma fé radiante e luminosa!

Sua perda foi muito sentida, em especial em seu campo de atuação. Na qualidade de terciária, posso dizer que sua morte deixou um vazio terrível. Todas temos a impressão de que jamais poderemos substituí-la. A profunda piedade, a regularidade nas visitas, nos ofícios em comum, a extrema simplicidade, o sorriso acolhedor, o espírito de pobreza e de penitência, tão recomendado por nosso Pai Seráfico e levado muitas vezes ao heroísmo, a modéstia exemplar no vestuário, a verdadeira humildade: tudo isso fazia dela um modelo perfeito e, ainda assim, acessível, de modo que as terciárias amavam sua virtude. Sabíamos também que era grande sua caridade, e não media tempo nem esforço, quer para as obras da Cruz Vermelha, quer para o recrutamento da Ordem Terceira, quer para os Padres de Maria e também para o sustento de seus colégios apostólicos. Fundou com o Padre Huré a Obra do Pão, e, sob sua presidência, todos os bairros da cidade, ou ao menos todas as pessoas simpatizantes com as obras dos padres, foram visitadas...

Ela era, assim, admirável em tudo. Em nossos retiros, era a mesma coisa: se algumas pessoas não conseguiam pagar o valor pedido, bem, ela resolvia tudo, e até os mais desfavorecidos eram lembrados. Aliás, em nossas assembleias privadas, dava atenção de preferência aos humildes, aos isolados pela timidez ou pela falta de cultura, e, dessa forma, todos se sentiam à vontade. Demais, ao seu contato, desejávamos tornar-nos melhores.

Nas conversas que tive com ela, relativas à vocação de seus filhos, sempre me pareceu que só se preocupava em respeitar os desígnios de Deus para cada um deles, quer Ele os chamasse para a vida mais perfeita ou para à permanência no mundo. Se não estou enganada, essa piedosa indiferença nada mais era que um total e generoso esquecimento de si mesma.

René e Marcel, seminaristas, de férias

1926

CAPÍTULO 7: A VIDA ESPIRITUAL

A ascensão de uma alma

Uma alma orientada à piedade sob a influência de um ambiente familiar profundamente católico: assim nos aparece Gabrielle Watine, quando remontamos todo o decurso de sua vida. Parece que não manchou o frescor de seu batismo; com efeito, seu diretor afirma que ela estava cercada pelas delicadezas da Providência. Após ouvir, em 1909, a confissão geral da sua penitente, escreve-lhe:

> Eu sei que, desde sua infância, Jesus a predestinou para a santificação de hoje, de modo que seu estado atual é como o desabrochar natural dos favores com os quais Deus outrora a cercou. Ele, nosso Jesus, dedicou muitos anos regando as raízes, cuidando da flor, antes de colher o fruto que hoje possuímos.

Infância tão límpida, que evoca o texto do evangelho: "Jesus crescia em sabedoria, em tamanho e em graça diante de Deus e dos homens". Assim, em sua reduzida medida, Gabrielle, pela facilidade no trabalho e pelo temperamento alegre, exercia real influência sobre as companheiras. O trato agradável, os êxitos, a ventura, a envolviam de um encanto cativante. A vida sorria para ela, que, por sua vez, poderia ter se inclinado ao egoísmo, mas o seu coração, longe de voltar-se para si mesmo, voltava-se para Deus.

Nessa época, ainda não havia sido publicado o decreto do Papa Pio X sobre a comunhão das crianças. Após preparação bastante severa, fazia-se a primeira comunhão com idade já bem avançada. Compreende-se que um coração puro, ávido de piedade, sentiu vivamente, ao aproximar-se de Jesus, as efusões da graça eucarística. Foi um momento luminoso na vida de Gabrielle. Seu confessor lhe falará mais tarde dos pressentimentos divinos que ela experimentou na época. As aspirações espirituais da criança começam a inquietar seu pai, que, apesar de ter uma fé viva, logo lhe dirá que se oporia à sua entrada no convento. Porém, acima do pai, havia Deus, cuja vontade buscava conhecer.

Por volta dos dezoito anos, quis esclarecer o problema da sua vocação. Como dissemos, a resposta de Monsenhor Fichaux, antigo diretor espiritual, foi clara: "Ela deve permanecer no mundo e fundar uma família. É dessa forma que fará um grande bem".

Submetendo-se a essa decisão, que julga irrevogável, conservou, ao menos por algum tempo, certa nostalgia da vida religiosa. Daquele momento em diante, sua principal oração será pedir a Deus um marido animado por piedosos sentimentos.

O noivado não traz a paz esperada. Sentia o coração dividido e temia roubar algo de Nosso Senhor. Os teólogos ainda não haviam, como hoje, popularizado a doutrina espiritual do amor humano, que, quando legítimo, deve ser meio e não obstáculo para unir-se a Deus. A jovem via aí uma barreira aos desejos de perfeição. No dia do casamento, chorou muito.

Podemos acompanhar melhor seu itinerário espiritual a partir de 1905, ano da admissão na Ordem Terceira franciscana. Algumas páginas soltas oferecem preciosas indicações. No entanto, são apenas luzes tênues, pois estas anotações íntimas, além de serem curtas, contêm abreviações que, infelizmente, as tornam muitas vezes indecifráveis. Nós as utilizaremos sem traí-las, assim esperamos.

Gabrielle Watine, agora Sra. Lefebvre, atingia então seus vinte e cinco anos. Mãe de família, terciária de São Francisco, desejosa de bem cumprir todos os deveres, submete-se à direção do Padre Huré, novo Superior da Comunidade de Padres Monfortinos de Santa Maria dos Anjos.

Já esboçamos a fisionomia desse padre. Acrescentamos aqui que suas preferências se inclinavam para as almas de elite, na clausura ou no mundo. Era um especialista na direção espiritual. Pedia muito, exigia obediência total, descortinava um ideal altíssimo que conseguia transformar em objeto de amor, ao apresentá-lo em linguagem evocativa e sobretudo cativante. Deixou uma marca indelével em certas almas. A jovem mãe estava em boas mãos; ela receberia os conselhos do Padre Huré por mais de vinte anos.

Desde 1905, após o nascimento do filho, começa a abrir a alma ao confessor, mas timidamente, não sabendo ao certo como proceder. Lamenta mais tarde sua reserva e se lembra dela com certa tristeza. Seus progressos são reais. Deleita-se com a vida de Santa Mônica e, de tão frequentes, suas comunhões se tornam cotidianas.

Dois anos mais tarde, medita a vida de Nosso Senhor e descobre que, para permanecer fiel a Jesus no mundo, é preciso ser, como Ele, um símbolo de contradição. Um sermão sobre os Estigmas de Nosso Senhor a impressiona profundamente. Surgem algumas dificuldades domésticas. O inverno de 1907-1908 lhe traz desilusões. Os filhos ficam doentes um após o outro. Pede conselhos e se submete a tudo por obediência. “Mas, acrescenta, obedeço de forma incompleta”. Todavia, a Providência lhe responde por meio de uma superabundância de luzes interiores, hauridas dos sermões de um religioso redentorista, o Padre Costenoble.

Em agosto de 1908, a leitura da vida de Santa Teresa d’Ávila lhe dá a ocasião de conversar com o Padre Huré, que também era grande devoto da santa. Lemos em suas anotações: “Pela primeira vez, com ele, tratei do tema da vida interior”. Até então, por conta da inexperiência e da discrição natural, a direção lhe fora difícil. Mas, neste momento, sua alma “desatou”, quase que naturalmente. A partir daí, estabeleceu-se o contato e, com os incentivos do padre, será assídua na continuidade nessa direção.

Sua ascensão se delinea claramente

Ela sente necessidade imperiosa de humildade, que a leva a curvar-se e beijar o chão a cada vez que passa diante do presépio do Menino Deus, no Natal.

No início de 1909, faz apenas um pedido para o ano: o amor de Deus. Este é o momento decisivo.

No dia 18 de fevereiro, após longa preparação marcada pelo desejo da sinceridade e da humildade, faz uma confissão geral na Capela de Santa Maria dos Anjos, que tanto ama.

Foi, então, cumulada de consolações, e passou a noite seguinte em ação de graças. Relata, de maneira enigmática, a memória desses últimos atos de desapego e dos favores que recebe. Apenas algumas palavras nos revelam o estado de sua alma. Diz-se "transplantada, desorientada, arrebatada, só sob o olhar do Mestre". E se compara a um passarinho levado para longe dos seus, a um palácio, "por um capricho do Mestre, que se alegra de sua fragilidade e de seu mau jeito". Sem entender direito, adivinha ela a felicidade dele.

Foi neste período de sua vida que ela, em um dia de retiro, escrevendo, refletia o seguinte:

> Houve um tempo, meu Jesus, em que eu apenas O conhecia como um Ser bom a quem de bom grado prestamos homenagem, a quem nos dirigimos em toda dificuldade e cujo papel principal era o de nos proteger. Porém, acaso sabia eu que Deus anseia por amor, que Seu Coração, sempre preocupado com o meu, empenhava-se em tornar-me sempre mais sensível a esse amor? Encontrava-me como em uma casa fechada, sem me preocupar com o que se passava do lado de fora. Como isso aconteceu em seguida? [...] Por alguns infortúnios externos antes de tudo, por enfermidades leves em meus filhos. [...] Prometi viver melhor, dar algo de mim mesma. Compreendi que as outras promessas não tinham valor: era o primeiro despertar de minha vontade. Depois, após alguns sermões que me impressionaram, aconteceu

> como um deslumbramento em meu espírito, um encantamento em meu coração. Ouvia verdades insuspeitáveis e estranhas que ressoavam como deliciosa música para os ouvidos [...]. Eu devia forçar as portas de minha vontade. Sem interrupções, multiplicavam-se as progressões ocultas de Jesus.

Durante a quaresma desse mesmo ano, penetra na intimidade do mistério da Cruz e deseja unir-se ao divino Crucificado pela mortificação e pelo dom de si mesma: "Delícias desconhecidas!", exclama.

Em maio, oferece-se à Santíssima Virgem segundo a fórmula de consagração total de São Luís Maria Grignion de Montfort. Esse ato corresponde aos sentimentos de generosidade que a animam. Compreende que sua Mãe do céu a ajudará a amar melhor a Jesus. Declara também seu diretor: "Tu compreendeste melhor Maria".

É ainda em 1909, no mês de julho, que parece ter sentido as primeiras impressões dos estigmas. Ao lembrar-se de uma meditação na igreja de Bruges, de fato escreve: "Knocke: quadro de Bruges... p(onta) da es(pada)". Fomos nós que completamos, pois sabemos por outras fontes que ela se viu nessa circunstância "como uma esponja toda embebida do sangue divino".

Em dezembro, faz o voto de obediência a seu diretor, em tudo o que diz respeito à santificação de sua alma. Entrega-se a Jesus Cristo mais e mais, "não apenas para cumprir sua vontade, mas para ir ao encontro de todos os seus desejos".

O ano de 1909 é talvez o mais importante de sua vida interior, pois os favores divinos que continuarão a vir serão apenas o florescimento dos favores deste ano. O Padre Huré esclarece a situação em uma carta que escreve à sua filha espiritual, no dia 1º de março.

> As inspirações da graça e a imensa e íntima necessidade de união com Deus são dois favores que — ao se juntarem mais tarde com uma compreensão mais clara da direção espiritual,

> e com uma facilidade que até então se desconhecia e que essa compreensão oferece — constituem os meios espirituais que, praticados pela senhora e por mim, transformam sua querida alma, e a elevam com mais desapego e mais pureza até a intimidade de Nosso Senhor, a tal ponto que, diante da evidência de sua união com Jesus, a senhora é levada a declarar que, ao tornar-se sua esposa, Ele lhe dá preferência e oferece dedicação.
>
> Oh! Claro, nem tudo está efetivado! A tal predileção, a senhora deve corresponder com sacrifícios, com inumeráveis atos de generosidade. Porém, o que Ele realizou na senhora já é admirável, e sentimos a imperiosa necessidade de bendizê-Lo cada vez mais.

Em 1911, a Sra. Lefebvre renova sua Consagração a Nossa Senhora, após séria preparação. Refaz os votos no dia 24 de março, véspera da Anunciação, que coincidia com a Festa das Cinco Chagas de Nosso Senhor.

Do dia 10 ao dia 13 de novembro, segue os exercícios de um retiro que qualifica como "bem-aventurado". Essa mãe de família toma, assim, a resolução de "ser em tudo a esposa de Jesus".

Todos os anos, a partir de então, o retiro lhe será uma graça insigne. Durante a guerra de 1914-18, fará voto de pureza perfeita, o qual testemunha sua vontade de pertencer inteiramente a Deus.

Até aqui assinalamos a devoção à Paixão, a união aos sofrimentos do Redentor, a inclinação para as Chagas do Crucificado. Mas tudo isso era apenas uma preparação para um favor extraordinário: a Estigmatização. Não temos nenhum testemunho que nos permita descrever as particularidades desse fenômeno sobrenatural, no caso dessa serva de Deus. Mas a leitura das cartas do Padre Huré não deixa nenhuma dúvida quanto à sua existência.

Eis alguns fragmentos reveladores:

> Esse Esposo "incômodo" (Jesus), por ser um amante possessivo, não estaria multiplicando propositalmente para a senhora as ocasiões de sacrifício? Ele corresponde, assim, a esta necessidade imperiosa que a animava ainda esta manhã. Com a mesma insistência que geralmente usamos para solicitar um favor, a senhora suspirava pela quinta ferida, destinada a aperfeiçoar em si Sua imagem sagrada. Como São Francisco, a senhora deseja ser capaz de dizer: "Carrego em minha carne os Estigmas de Jesus Cristo". Quanto a mim, filha querida, estou feliz de estar associado, com uma modesta participação, à obra de sua extraordinária semelhança com Jesus. Isso foi por causa de mim, de seu padre, que tive a missão de preparar seu voto destinado a servir de palácio nupcial para seu divino Esposo.
>
> Agradeçamos juntos o que a senhora faz e o que devo fazer. É uma grande graça para nós dois.

Na carta seguinte o padre, após pedir à penitente para que deixasse, com fé absoluta, Jesus agir nela acrescenta:

> O pequeno incidente que ocorreu ontem de manhã, e que lhe provocou o grito que brotou espontaneamente da alma, é bastante revelador deste assunto, como também o era o que a senhora me escreveu a respeito das cicatrizes da Cruz. Oh! Como Jesus Esposo age com delicadeza! Ele chega a seus fins com um cuidado que me encanta.
>
> Quanto a mim, tenho luzes abundantes para confirmá-la em sua fé, que compartilho com a senhora: "Seja simplesmente Jesus!"
>
> Até sexta-feira de manhã. [...] A Crucifixão caminha para o seu termo.

Certas frases permanecem obscuras, pois são apenas respostas e por vezes alusões a fatos que nos escapam. Mas as palavras "quinta ferida", "cicatrizes da Cruz", "crucifixão", "semelhança extraordinária com Jesus" e "estigmas" acaso não são claras o suficiente? Veremos o padre voltar à questão da "chaga do coração". As duas cartas precedentes datam dos primeiros meses de 1918, a seguinte é de Pentecostes do mesmo ano: "Quando estiveres só, sem testemunhas, junte as mãos sobre a ferida do coração e repita invocando seus direitos: 'Vinde, Espírito Santo'".

Nesta época, a santa mulher havia atingido o ápice de sua vida interior. Anotara em seu retiro de 1917:

> Meu bom Mestre, [...] tenho apenas um desejo: vê-Lo reinar neste ser que o Senhor me deu, sempre e cada vez mais. Que esse sopro de minha alma, que é uma graça de Deus, permaneça puro, divinamente puro, e que meu corpo, por meio dele, seja movido por uma vida toda celeste.

Diante de tais evidências, que não são isoladas, ficamos menos surpresos com este privilégio milagroso. A exemplo de São Francisco, ela esconde cuidadosamente esse favor. Alguns de seus filhos apenas o suspeitaram. Depois disso, compreende-se que seu diretor, apesar de tão exigente, lhe tenha escrito: "Eu a abençoo, minha filha, és verdadeiramente o fruto de minha alma que Jesus acolheu e santificou para além de todas as minhas expectativas".

A partir desse momento, estará estabilizada, de certa forma, na vida de união com Jesus. Ela continuará tranquilamente a ascensão em direção a Deus. A morte do Padre Huré lhe será dolorosa, mas, armada como estava, poderíamos dizer que já era capaz de viver sem seu apoio. Nenhuma complicação surgirá na vida de sua alma, que irradiará um brilho incomparável nos últimos instantes de vida. Morrerá como uma predestinada.

Os meios de santificação

Não se trata de enumerar aqui os meios ordinários de santificação, mas de destacar alguns meios escolhidos pela Sra. Lefebvre por indicação de seu diretor.

Assídua na prática da meditação, da leitura espiritual, da assistência à missa e à comunhão cotidiana em meio aos pesados encargos familiares, acrescentou ainda, muito tempo antes da sua morte, a hora de adoração noturna. Levantava-se discretamente e rezava de joelhos: um ato de amor que lhe impunha terríveis sacrifícios quando estava doente. Foi fiel à prática enquanto o permitiram suas forças.

Usava instrumentos de penitência? Talvez de forma eventual, mas não habitual. Seus deveres de esposa e de mãe a obrigaram a ter grande moderação. Seu espírito de penitência se manifesta, sobretudo, nos diferentes votos que pronunciou.

Primeiramente, o voto de obediência a seu diretor espiritual. Após se exercitar durante um mês, renova o voto por diversas vezes e se compromete, no dia 23 de dezembro de 1909, com esta fórmula definitiva que encontramos em uma carta do Padre Huré:

> Em nome do Pai e do Filho e do Espírito Santo. Na presença de Deus, meu Criador; de Jesus, meu adorável Esposo; do Espírito Santo, minha luz e minha força; sob o olhar de Maria, rainha de meu coração; de meu Anjo da Guarda e de São Gabriel; com a bênção do padre que Deus concedeu à minha alma, em toda liberdade e de bom grado, faço o voto de obediência plena e total a meu diretor em tudo o que concerne à minha santificação, até que ele decida retirá-lo, bendizendo e agradecendo de antemão a Jesus e Maria por todos os bens e méritos que terão por causa este voto. Amém.

No mês de dezembro de 1916, quis experimentar, em todas as sextas-feiras, o voto de perfeição. Em breve, renová-lo-ia todos os dias, prolongando-o de semana a semana e, por fim, em 1917, de confissão em confissão.

Podemos reconhecer aqui a influência de Santa Teresa d'Ávila, cuja vida e cujos escritos a Sra. Lefebvre meditou com frequência. Este voto de perfeição pode causar certa perturbação nas almas inquietas, mas nela nunca provocou escrúpulos. Com generosidade e simplicidade, realizava aquilo que lhe parecia mais agradável a Deus.

No meio de seus papéis, descobrimos a transcrição de uma página de São Luís Maria Grignion de Montfort sobre o voto da Santa Escravidão ou de consagração total à Santíssima Virgem. Parece que ela mesma se comprometeu, por meio de um voto, a praticar esse oferecimento a Maria. De fato, anotou-o e terminou com este pensamento de Pascal: "Fazer as pequenas coisas como se fossem grandes, por causa da majestade de Nosso Senhor que as faz em nós, e que vive nossa vida; e fazer as grandes como se fossem pequenas e fáceis, por causa de sua onipotência".

Podemos dizer que a Consagração a Nossa Senhora, despojando-a de si mesma, introduzia-a no espírito de pobreza. Por meio do voto de obediência, oferecera a Deus liberdade.

Eis um último voto, que revela sua delicadeza em relação à pureza.

Trata-se do voto da pureza perfeita, que fez no dia 8 de março de 1918.

> Ó Jesus, eu, vossa esposa, desejando guardar minha alma livre de toda servidão para melhor Vos pertencer, segundo as inspirações do Espírito Santo, às quais obedeci no passado, confiante em minha Mãe e por obediência, faço-Vos hoje voto perpétuo de pureza perfeita, por meio da renúncia a meus direitos e da renúncia de minha vontade a toda satisfação natural [...] Apenas a obediência poderá revogar ou mortificar esse voto de puro amor. Ó Jesus, não pertenço mais a mim, mas a Vós. Vós sois minha vida.

Talvez sejamos tentados a enxergar certa imprudência em comprometer-se a tantos votos. O Evangelho decerto não o exige e não podemos recomendar às almas, mesmo às mais avançadas, a imitação desse exemplo para chegar à perfeição, ainda que o voto por si aumente os méritos.

Mas, no caso da Sra. Lefebvre, é importante notar a retidão de sua consciência, fundada no equilíbrio de temperamento, a simplicidade na obediência e a confiança no diretor que lhe havia pedido, se não imposto, esses diversos votos.

Ao invés de ver nisso obstáculo para a vida interior, utilizava-se deles para conseguir novo impulso para a santidade. Assim, tudo se cumpria com ordem, em nome da obediência.

As características de sua vida espiritual

Uma fé viva, um ardente amor por Jesus Cristo e uma devoção filial à Santíssima Virgem, foram, ao que parece, os traços dominantes da vida interior da Sra. Lefebvre. Em um simples diálogo com ela, tinha-se a impressão de que um grande espírito sobrenatural a animava. Durante as conversas, sem afetação nem esforço, remetia tudo a Deus. Era nessa atmosfera de fé que respirava à vontade, admirando a conduta da Divina Providência na banalidade dos acontecimentos cotidianos ou nas dificuldades de uma crise. "Deus faz bem aquilo que Ele faz", dizia com frequência. Este estado habitual lhe conferia perfeita serenidade.

Não sei se buscou descobrir as razões de sua crença, mas, no final da vida, era uma alma impregnada de fé, de uma fé simples e profunda, que nada poderia abalar: nem os eventos políticos, nem as perturbações financeiras que a levaram à ruína. Escrevia, então: "O bom Deus nos dá riquezas espirituais por meio de nossos filhos. [...] Poderíamos desejar outras riquezas? Em todo caso, podemos levar a bom termo as riquezas mais importantes, que já não sofrerão mudança na eternidade". Era assim que praticava as meditações sobre o espírito de fé. Suas anotações nos revelam esta significativa passagem:

> Para as almas que buscam a perfeição, é necessário não apenas que tenham a fé, mas que vivam de sua fé. Seu olhar deve ultrapassar o horizonte do tempo e ver, para além das coisas passageiras, aquelas que permanecem.
>
> Dois patamares: primeiramente, alçar-se acima dos acontecimentos, que são consequências das cruzes e obscuridades deste mundo, enxergar as alegrias do Paraíso.

Em segundo lugar, não considerar os sacrifícios em si mesmos, mas segundo a Providência, e a Vontade que os ordenam; São Francisco de Sales outrora os chamava "infinitamente amáveis".

Para a Sra. Lefebvre, Deus não era um ser abstrato que invocamos sem convicção. Era alguém que conquistara sua confiança. Quando devia ausentar-se para um serviço religioso ou uma obra de caridade, ocorria-lhe por vezes deixar um bebê sozinho no berço, sob a proteção do seu anjo da guarda. Imprudência? Sim, sob o olhar da razão humana, mas ato de fé dessa alma que acreditava simplesmente na vigilância do Pai celeste. De resto, a experiência provará o bom fundamento da sua conduta.

A fé, que a fazia enxergar a Deus na pessoa dos seus diretores, inspirava-lhe perfeita obediência às suas decisões e grande docilidade para se adequar a seus pareceres, mesmo em questões bastante distantes de sua santificação. Na ocasião de uma doença, os doutores decidiram realizar uma operação delicada e bastante grave, que ameaçava deixar a paciente enferma pelo resto da vida. No último instante, mudaram de ideia e a operação não aconteceu. Ela mesma a evitou mais tarde, tendo tomado conhecimento de que o Padre Huré a desaconselhava por razões de ordem familiar, por sinal discutíveis.

É nas mesmas fontes sobrenaturais que obtinha essa bondade de alma, que a inclinava aos pequenos e infelizes.

Não se deve imaginar, todavia, uma mulher atraída pelo misticismo, confundindo ilusão e realidade. Repitamos: foi perfeitamente equilibrada, bem enraizada no bom senso. Uma de suas filhas, missionária do Espírito Santo, retratou-a com estas palavras:

> Os dons da graça com que o bom Deus queria presentear-lhe encontraram um fundamento excelente nos dons da natureza: um julgamento seguro, um espírito reto, aliados

a uma rara energia e a um domínio de si mesma pouco comum. Uma alma alegre, de fina delicadeza, vibrante, que sabia unir a liberdade à doçura e possuía essa medida ideal do meio-termo.

Sua fé simples e luminosa era contagiante. "Jamais a encontrei, dizia uma terciária, sem que despertasse em mim grande desejo de perfeição". Assim declaram, de forma espontânea, numerosas pessoas.

No tempo da Páscoa, em 1928, acompanhada de uma das filhas, que entraria no convento, empreendeu a fervorosa mulher católica uma peregrinação a Roma, onde o filho estudava. No caminho de volta, quis passar por Assis. As horas se escoaram rapidamente nas visitas aos diferentes santuários e se aproximava o momento da partida. O filho deveria retornar a Roma, e a mãe, à França. Momento doloroso, em que as emoções do dia comoviam os corações. Os dois sentaram-se lado a lado em um banco de pedra no jardinzinho das Clarissas. Diante deles, estendia-se o vale da Úmbria, envolto em luzes e todo impregnado da alma de São Francisco. Ao longe, para além da Igreja da Porciúncula, a cadeia de montanhas rematava o horizonte.

A Sra. Lefebvre, com o olhar pairando nessa atmosfera pacífica, continuava sem palavras. E a futura religiosa, em sua admiração, não podia deixar de pensar em Santo Agostinho e Santa Mônica: sua mãe "saboreava a Deus".

Até mesmo o Padre Huré ficava encantado com a virtude de sua dirigida. Escreve-lhe ele: "Ontem voltei de nossa entrevista com a alma em festa. Tem sido esta, aliás, a impressão e a atmosfera de minha vida espiritual há um ano. Obrigado pela parte que lhe toca". (Pentecostes 1918). Por volta da mesma época, uma afirmação mais precisa:

> Nunca estive tão perto da divindade — faço exceção da Eucaristia — como em nossas conversas, que se tornaram verdadeiramente uma contemplação de pura fé! Ah! Cara filha,

jamais lhe falarei, como convém, da santa alegria produzida por esse comércio divino e menos ainda do poderoso consolo que tiro disto. Agradeçamos juntos de todo coração.

Ela realizara o desejo de setembro de 1909, em Lourdes: "Que nada me desvie do sobrenatural, onde desejo permanecer"!

A grande paixão de sua alma foi o amor de Jesus. Em união com seus filhos religiosos, recitava todos os dias a seguinte oração:

> Não seria nada mais justo, ó meu Deus, que a cada minuto, a cada segundo, eu vos dissesse eternamente: "ó meu Jesus, eu amo-Vos"! e que assim eu o fizesse, dia e noite, nas securas como nos transbordamentos de meu coração? Mas, infelizmente!, ó meu Jesus, minha pobre natureza humana me impede de realizar esse ato incessante de amor. Assim, dignai-vos considerar, eu peço-vos, cada palavra, cada movimento, cada respiração como atos de amor que, batendo em união com vosso coração, expandam vosso reino, santifiquem vosso nome e sejam tantos quanto os degraus que me conduzem a Vós e me fazem saborear a verdadeira alegria dos filhos de Deus. Que eu corra, que eu voe, triunfante, sobre todos os obstáculos; que esse amor seja tão forte que nada jamais o impeça, e que, assim, dando o último suspiro em um êxtase de amor, possa eu exclamar: "Já não tenho nada, nada que não tenha sido dado."

Na velhice, entregara tudo. Por muito tempo, buscara esse amor total.

> O sacrifício não ocupa ainda seu devido lugar em minha vida, escreveu durante um retiro, Jesus é um Deus ciumento. Devo dar-lhe coisas que Ele não me pede. Disse, então a meu Jesus, de noite, que desejava ser inteiramente d'Ele, que queria que ele fosse o Único em meu coração.

Para intensificar seu amor, medita sobre esta grande verdade: a inabitação de Jesus em sua alma. Desejando resolver certas dificuldades, dirige-se a seu diretor, que lhe responde com a seguinte carta:

> A questão que a ocupa é uma das mais sublimes [...] nas quais o espírito humano pode se exercitar. Monsenhor Gay, que estou traduzindo, ou melhor, transcrevendo, expressa-o com toda clareza possível [...]. Na realidade, jamais a humanidade de Jesus se exclui ou se ausenta de nossa santificação. Estamos unidos a Ele como o ramo à vinha, uma mesma seiva nos anima, vivemos uma mesma vida, formamos apenas um único e mesmo todo [...]. Sim, sua humanidade (do Verbo) está no céu e, segundo sua forma gloriosa, está apenas lá. Ela está na Eucaristia segundo seu estado sacramental e, segundo este estado, está apenas ali. Mas essa humanidade permanece sempre no Verbo, que é sua subsistência. Ora, o Verbo em quem a humanidade subsiste está e permanece em nós...

Em suma, a humanidade é uma com o Verbo pela união hipostática e o Verbo é um conosco pela graça habitual. Assim, o Verbo de Deus, nosso hóspede íntimo, sempre presente e amante, é o elo com essa humanidade divina que amamos. N'Ele a encontramos e nos encontramos n'Ele".

A piedosa mulher não cultivava apenas um amor de amizade em relação a Jesus, mas um amor de esposa. No retiro de 1911, toma a resolução de "ser em tudo a esposa de Jesus; que Jesus, em nossas almas, seja para sempre louvado, amado, adorado!".

Jesus Cristo, Esposo de sua alma, é a ideia que a cativa. Com o desejo de nada negar ao seu Mestre, mas, pelo contrário, de dar-Lhe todos os direitos sobre sua vida, quer "agradar-Lhe em tudo". Para ela, não é simples fórmula, mas convicção íntima e resolução enérgica. Comenta: "Ó meu Jesus, Vós em mim, junto a mim e eu perdida em Vós, junto a Vós!... Jesus em nós espreita cada um de nossos olhares, cada uma de nossas afeições, Ele se faz em tudo pedinte de nosso amor. Com Jesus, nada me perturba".

Daí sua grata submissão em todos os acontecimentos. Após pesquisar uma considerável coleção de cartas endereçadas sobretudo aos seus filhos, afirma-nos uma de suas filhas:

> A perfeição tão cativante e amável que caracterizou a espiritualidade de nossa querida mamãe foi a ação de graças. Essa disposição de alma que se mostrava nela como uma virtude característica, a qualquer hora do dia em seus pensamentos, em seus atos difundia-se em suas cartas, gerava a alegria, a confiança, o abandono, a simplicidade, que encantam um de cada vez e todos de uma vez. Tudo é, para ela, motivo de ação de graças.

Não pensemos que desconsiderasse o sofrimento; sabe que o Esposo é um "Esposo de Sangue".

> Quando Jesus possui uma alma, medita em 1912, logo a marca com sua Cruz; ela não pode aproximar-se d'Ele sem aproximar-se também da Cruz. [...] Até aqui, diria que o ápice de minha religião foi, em primeiro lugar, submeter-me à vontade de Cristo e, em seguida, aos seus desejos. Por mim mesma, ainda não vislumbrei mais alto, a não ser por alguns lampejos, compreendendo então o desejo de sofrimento dos santos. Existem certamente graus superiores, aos quais minha alma, demasiado fraca, não pode aspirar ainda. E considero mesmo como um estado ao qual não lhe será jamais possível aspirar, de tão pequena e incapaz que se sente em todos os pontos.
>
> Flor divina do sofrimento que apenas se desenvolve na terra, flor amada do divino jardineiro, acaso não me seduzistes antes mesmo de vos conhecer? Não foi sua visão que encantou meu olhar, antes que se mostrasse a mim Aquele que a apresentava? Se Vos agrada que eu sofra, ó meu Jesus, aceito-o com a condição de que seja para amar-Vos mais...
>
> Fui obrigada a interromper-me: esses pensamentos me comovem profundamente. Acaso não seria isso abandonar-se viva nas mãos do Deus vivo?

E em resposta a essa pergunta, diz-lhe seu diretor: "Tenha confiança n'Ele! [...] Seu Esposo tem uma habilidade extraordinária. Até hoje, não a tem Ele conduzido, formado e desposado com uma bondade verdadeiramente maravilhosa"?

Sob efeito da ação divina, ela se transformará e alcançará até mesmo a semelhança exterior com Jesus crucificado, pelo privilégio da Estigmatização. As palavras de Monsenhor Gay expressarão a vida de sua alma: "Seja simplesmente Jesus!".

O cuidado com a santificação pessoal não a limitava a exercícios de piedade que a ensimesmassem. Essa mãe de família, que ofereceu cinco filhos a Deus, dos quais três foram missionários, tinha alma apostólica. Consumia-a um grande desejo de ver a expansão do Reino de Deus.

> De cada canto, tu escreveste um pouco — diz a um dos filhos — [...]. Não é ruim que a família se encontre de tal maneira unida à vida missionária. Isso vai certamente dilatar os horizontes espirituais e deixar no espírito menos espaço para as mesquinhas dificuldades do dia, das quais podemos nos alegrar ao utilizá-las em prol da expansão do Reino de Deus.

Se seus deveres de estado não a tivessem impedido, consagra-se-ia direta e totalmente ao apostolado.

Faltam ainda algumas palavras sobre sua vida mariana. Sob a direção do Padre Huré, a Sra. Lefebvre não podia ignorar a doutrina de São Luís Maria Grignion de Montfort. Aliás, sempre amou a Santíssima Virgem. No pensionato das Damas Bernardinas, cantou a alegria de ser aceita como filha de Maria. Eis a primeira e última estrofe desse singelo poema[1]:

---

[1] Os versos originais:
"*Exaltons en ce jour le beau nom de Marie,*
Jamais de ses bienfaits la source n'est tarie,
Elle est pour les humains le doux rayon de miel,
La rose sans épine et l'avant-goût du ciel.
S'il est parfois bien dur de boire le calice,
Les souffrances là-haut se changent en délice,
Laisse-nous reposer sur ton coeur maternel,
Et sois pour nous le gage et la porte du ciel".

Louvemos neste dia
O nome de Maria.
Que jamais foi escassa.
Como se nosso fosse
Favo de mel bem doce,
Rosa sem um espinho,
Paraíso a caminho.
Por vezes mal aturo.
Beber do cálix duro,
Mas a dor nesta lida
É gozo doutra vida.
Descansar nesse colo
Maternal vos imploro.
E sede-nos caução
E celestial portão.

Enfermeira na peregrinação de Nossa Senhora de Lourdes, impunha-se o agradável dever de participar dela todos os anos e de se dedicar aos doentes mais necessitados e mais esquecidos.

Em maio de 1909, consagra-se totalmente à Santíssima Virgem no espírito da "Verdadeira Devoção", comprometendo-se a fazer todas as suas ações por Maria, com Maria, em Maria, para Maria, a fim de realizá-las mais perfeitamente por Jesus, com Jesus, em Jesus e para Jesus. De fato, na espiritualidade monfortina, a Virgem Maria permanece um meio, perfeito aliás, porém um meio para se unir a Jesus. É exatamente assim que a Sra. Lefebvre compreendia a devoção, tendo anotado ao final de um retiro:

> Ponho-me, ó meu Jesus, a mim, meu marido, meus filhos, sob a proteção de vossa Mãe Santíssima; a propósito, é com alegria que renovo diante d'Ela, por meio da consagração, meu desejo e minha vontade de pertencer sempre a Ela como Escrava de Amor. Que Ela me dê todas as diretrizes, que Ela me faça escutar claramente aquilo que Jesus deseja de mim; que eu seja para Ele a mais fiel e mais amante das esposas,

delicada até ao ponto que minha natureza permita, em resposta à delicadeza infinita que lhe é própria. Deixo aos vossos pés, ó Jesus, e aos de Vossa Santíssima Mãe, o coração de todos os meus netos: que eles se desenvolvam assim como as árvores crescem: no sentido exato que o Senhor deseja.

Todas as manhãs, meditava algumas linhas do Tratado da Verdadeira Devoção, que julgava "extremamente instrutivo" e que queria recomendar àqueles que quisessem melhor conhecer a Santíssima Virgem. Assim, a lembrança de Nossa Senhora estava sempre no íntimo do seu coração. Suas cartas dão testemunho disso. Contentemo-nos em citar a que segue, escrita pouco tempo antes de sua morte:

> Minha pequenina querida, [...] o que quer que faças, e o que quer que te aconteça, eu digo-te que tu não tens nada mais a dizer, além daquilo que tanto ouvimos durante o retiro: "sou a pequena escrava do Senhor". O reverendo padre nos deixou em suas palestras um método curtíssimo, o mais simples e mais seguro: a devoção à Santíssima Virgem.
>
> A Santíssima Mãe de Deus usa, para criar os filhos, o método das mães: a imitação. Ela diz as palavras para que o filho as balbucie; ela as substitui, se necessário, se a criança for muito desajeitada ou pequena demais. Todas as manhãs, como na Encarnação, nosso Anjo da Guarda nos apresenta as ações do dia; cabe a nós, como coube à Virgem, aceitá-las ou recusá-las.
>
> Na comunhão, em primeiro lugar, convidemo-La a vir em nossa alma: se nossas ações forem boas, apresentemo-las a Ela, e terão mais valor; se estão cheias de manchinhas e imperfeições, Ela fará como o fez certa rainha com a maçã do camponês: limpou-a, preparou-a e apresentou-a ao rei em uma travessa de prata, ou seja, Nossa Senhora tornará nossas ações "apresentáveis".
>
> Enfim, se praticarmos essa devoção com um coração sincero e com a simplicidade de uma criança, podemos dizer que, se Maria se encontra em nosso coração, também nosso

nome se encontra no coração de Maria. E, se nosso nome está no coração de Maria, ele se encontra também no "livro selado" que contém todos os nomes dos predestinados e que, (segundo o Apocalipse de São João), só será aberto no fim dos tempos.

Ela não podia dar melhor término às cartas do que com esse pensamento: *a devoção a Maria, sinal de predestinação,* das almas em geral, e da Sra. Lefebvre em especial.

O futuro Monsenhor Lefebvre
1919

CAPÍTULO 8: A ÚLTIMA ENFERMIDADE

(5 - 12 de julho de 1938)

Desde as provações impostas pela guerra, a saúde da Sra. Lefebvre se deteriorava. Cerca de uma vez por mês sofria crises, de certa gravidade, que a obrigavam a repousar por alguns dias. Essas alternâncias criaram uma ilusão à qual todos já estavam se acostumando. Assim, ninguém se alarmou quando novas dores irromperam na noite de terça-feira, em 5 de julho de 1938. Apesar dos conselhos de prudência que recebeu, partiu na quarta-feira para Tournai, para visitar a filha mais velha, religiosa da Congregação das Servas de Maria Reparadora.

No caminho de volta, queixa-se dos solavancos desagradáveis que sentia no vagão do bonde. Entretanto, antes de recolher-se e descansar pela noite, quis averiguar a situação da fábrica para a vistoria esperada no dia seguinte.

Na quinta-feira de manhã, não conseguia levantar-se, sinal incontestável de que seu quadro se agravara. Ao meio-dia, empregaram compressas de gelo, sem grande sucesso. A preocupação começa a tomar seu marido, que alerta a família. O doutor Delegrange visita a doente e sugere uma operação. Declara a enferma, então, categoricamente: "Se for para tornar-me uma pessoa debilitada e dependente da família, é inútil, não a desejo". Raciocínio que repercute as antigas diretrizes do Padre Huré.

A noite de quinta para sexta-feira foi muito penosa. Sem sono, sob o flagelo do sofrimento, a piedosa mulher oferece a Deus sua cruz para a conversão de almas queridas. Durante o dia, o doutor Delegrange lhe aplica uma sessão de radiotermia.[1] Após um breve alívio, sucedem-se crises violentas a

[1] Tratamento por meio do calor com ondas radioativas, hoje substituída pela radioterapia. [NdT]

intervalos curtos. Incapaz de suportar o que fosse, não consome alimentos nem bebidas, à exceção de um pouco de água de Lourdes.

No sábado, exausta, deixa escapar estas palavras: "Façam o que quiserem, uma operação, qualquer coisa, mas isso não pode continuar". Contorce-se de dor, busca em vão uma posição que a alivie e suplica para não a deixarem. "Não consigo rezar, suspira, mas o sofrimento é uma oração".

O doutor Aubert, chamado para examiná-la, contrário até então a qualquer intervenção cirúrgica, acaba afirmando: "Não há razão para hesitar um só segundo, uma operação imediata e simples é absolutamente necessária. Sem dúvida ela deverá se seguir de uma operação mais grave, dentro de um mês".

Recomenda-se a clínica Boucicaut, em Roubaix, dirigida pelas Filhas da Sabedoria. Assim, por disposição providencial, essas religiosas, que cuidaram da infância da Sra. Lefebvre, cuidariam agora de seus últimos momentos. Na realidade, a paciente conhecia a clínica. Em 1938, escrevera à filha missionária:

> Fui fazer uma visita a boa Madre Marie Pauline [...] visitamos todas as instalações da maternidade e da clínica; é admirável, tudo é de ponta e moderno! Que diriam teus africanos se vissem salas assim tão bem equipadas! Havia quartos para a mãe e o bebê, encantadores: papéis de parede, cortinas, camas, berços combinando! Todos rosa e branco, azul e branco, bastante sóbrios, muito limpos. Parece-me que isso deve influenciar o ânimo dos ocupantes. Tu não estás lá, mas talvez o que tu ofereces seja melhor recebido. Há tantos aqui que se acostumam a ser mimados e que não sabem sequer o que é agradecer.

No sábado, 9 de julho, às 18h20, após abençoar os dois caçulas, a mãe deles, acompanhada do Sr. Lefebvre, deixa a casa da família partindo no carro do doutor Delegrange. Às 19h, a operação realizada pelo doutor Laud, cirurgião da clínica, terminou normalmente. O otimismo reinava ao redor. Mas, por infelicidade, a noite não revela resultados: as dores não param.

O doutor Aubert, após rápida visita no domingo, parece inquieto... Na segunda-feira, às 11h, nova visita: já não há esperanças! Sob as indicações do Sr. Lefebvre, o próprio doutor dá a notícia à doente, que, sem uma palavra, fita longamente o marido.

Pensa então nos últimos sacramentos e fica feliz de ver chegar, por volta das 13h, seu confessor: o Padre Quéméré, superior dos padres monfortinos. Tendo recebido a extrema unção com grande piedade, diz: "Agora posso partir, meus membros estão purificados".

Na noite do dia 11 para 12 de julho, as dores são insuportáveis. O Sr. Lefebvre, que não deixou a mulher desde que entrou na clínica, deve a cada instante fazê-la sentar-se na beira da cama. Ela se dá conta da fadiga que impõe ao marido: "Está vendo, é o fim [...] papai, antes de morrer, pedia constantemente para mudar de posição".

Entre duas crises, partilha algumas reflexões:

> Eu lhe havia dito para mandar escrever em meu caixão "Magnificat" quando ele fosse exposto no salão, mas não o faça: algumas pessoas poderiam achar estranho. No entanto, não se esqueça de recitar o Magnificat após minha morte.

E, sorrindo, diz: "Como a existência aqui embaixo é curta para uma eternidade de êxtase!"

Às 14h, uma calma momentânea lhe permite ao menos repousar, mas não dormir. E, então, tem um sonho extraordinário: "Eu me encontrava, conta mais tarde, em um estábulo, sobre um colchão, quando de repente uma esplêndida carruagem, seguida de uma belíssima escolta, vem me transportar. E o que é maravilhoso é que não me pediram nenhum pagamento". E ela insistia na gratuidade do transporte.

Parece haver aí, mais que um sonho febril, uma verdadeira resposta do céu. Ela tinha uma ideia tão elevada do paraíso que sua impressão era a de que a maioria das almas, senão todas, deveriam passar pelo purgatório. Todavia, ela própria pedira a Deus que seu purgatório se fizesse sobre a terra. Esse sonho não significava que fora atendida?

Por delicadeza, para evitar incômodo às religiosas, expressa o desejo de que a levassem para casa antes da morte. Mas, a pedido insistente da madre e da família, aceita permanecer na clínica.

Os grandes sofrimentos cessaram. Por volta das 7h, o Padre Quéméré, que retornara, celebra a missa na intenção da doente. O Sr. Lefebvre acolita e todos os presentes comungam: reunião da família em torno de Jesus. A mãe, recolhida e tomada de imensa alegria, exclama: "Como estou feliz de poder comungar assim!"

A manhã foi calma. Os três filhos mais novos se reúnem em volta da cama. A Sra. Lefebvre pensa no futuro de cada um e, com a voz clara e afetuosa, lhes diz:

> Meus filhos, quer seja na via do matrimônio ou em outra, façam tudo para agradar ao bom Deus. [...] Lá do alto estarei ainda mais presente para vocês do que sobre a terra e os ajudarei. Meus filhos, não sou a Irmã Teresinha do Menino Jesus, mas tudo o que vocês me pedirem na oração, conseguirei a vocês [...] e, voltando-se ao marido: e para você também, René.

Chegam os parentes próximos, até mesmo sua mãe, a Sra. Watine. Dona de si e de sua emoção, recebe cada um com um sorriso doce e sereno, deixando escapar do coração palavras que ressoavam um pouco do paraíso. A seu irmão F., a quem amava muito, diz: "F., acho que vou para o céu". Como ele não respondesse, ela repete: "F., chamam-me ao Paraíso". Cena forte e comovente para as testemunhas...

São 11h30. Uma injeção provoca uma reação que parece desastrosa. A respiração torna-se ofegante, as bochechas desaparecem, espera-se um fim próximo. Mas a religiosa acalma os espíritos inquietos: rezam o terço, e a mãe, perfeitamente lúcida, participa. Terminada a oração, as cores do rosto retornam, a respiração se regulariza, tudo se acalma.

Um dos cunhados, antes de deixá-la, pergunta-lhe se não precisa de algo: "Não! responde, nada por agora, vou repousar até 17h e depois...", e com um gesto da mão aponta para o céu. Ele anota cuidadosamente a hora e retornará às 17h, fiel ao horário combinado.

De fato, adormece até às 15h30 e, despertando-se: "Como descansei bem! É mais uma graça que Deus me concede! Que horas são? — Quinze para as quatro, mamãe! — É um pouco demais, mas isso só pode me fazer bem. [...] Eu me sinto melhor. Como estamos bem aqui, com a Santíssima Virgem, o ar fresco; estou muito feliz de ter ficado".

Uma meia hora mais tarde, os membros do corpo esfriam, o rosto fica pálido, o coração fraqueja. A religiosa decide chamar a família.

Última reunião, últimas palavras:

> Lá do alto — repete —, terei todos os poderes, tudo que me pedirem na oração, obterei para vocês... Não esquecerei ninguém... Meus queridos filhos... Ajam sempre com grande retidão [...] Amem-se uns aos outros. Ponham sempre Deus acima de todas as coisas da terra. Façam tudo com o objetivo de agradar a Deus...
>
> Aos meus cinco mais velhos: obrigada por me terem dado tantas consolações. Peço-lhes que continuem a rezar por mim. Lá do alto lhes serei ainda mais presente do que na terra. Eu os ajudarei.

Em seguida, muito lentamente, com os olhos fitos no céu, a mãe traça um grande sinal da cruz ao dizer cada nome: "Eu abençoo René, Jeanne, Marcel, Bernadette, Christiane Marie".

Olha então para os mais novos. Eles estão ali, todos os três: Joseph, Michel, Marie-Thérèse. Abençoa cada um em particular e os beija.

"Obrigada à família por ter se incomodado..."

A voz já não é mais do que um sopro. O Sr. Lefebvre se inclina sobre a esposa para escutar e anotar as últimas palavras:

> Peço paciência e coragem para com mamãe e Marguerite-Marie... Sou uma bem-aventurada por estar indo encontrar Jesus... Peço ao bom Deus que nos reencontremos todos no Paraíso... Obrigada, ó bom Jesus... São Francisco, rogai por nós... Jesus, Maria e José, eu vos dou meu coração, meu espírito e minha vida... Jesus, Maria e José, assisti-me em minha última agonia... Jesus, Maria e José, fazei que eu morra em vossa santa companhia... Nossa Senhora de Lourdes, rogai por nós... São João da Cruz, rogai por nós...

"Sr. Lefebvre — diz a madre —, recitemos a oração dos agonizantes".

Lentamente uma religiosa começa as orações, às quais a agonizante se une, beijando o crucifixo repetidas vezes.

Às 17h47, ela levanta subitamente os olhos à meia altura da parede do quarto, e eles ficam fixos numa "visão indescritível". Seu olhar não é mais do que o reflexo de sua alma, sua fisionomia está impregnada de um brilho celeste, seu sorriso torna-se estático.

"Irmã — exclama a madre — é inútil prosseguir com as orações: a Virgem Santíssima a chama"!

Pouco a pouco, as pálpebras se fecham, um fraco suspiro, e é o fim... O Sr. Lefebvre termina de fechar as pálpebras; são exatamente 17h50.

E, espontaneamente, sem que ninguém lhe pedisse, a religiosa enfermeira entoa o Magnificat, ao qual todos respondem. Assim, realiza-se o desejo da falecida.

"Morrer na paz de Cristo durante o Magnificat, o rosto radiante de uma felicidade celeste! Que morte ideal, coroação de sua bela e santa vida"!

"Na noite do dia 13 de julho, levam-na para a casa da família em seu caixão. Receberam-na com um buquê de oito magníficos lírios de seu jardim, ou melhor, sete lírios e um botão, representando seus oito filhos..."

Terminemos com alguns testemunhos que foram uma das causas determinantes para a realização deste opúsculo.

> Ela partiu depois de apenas alguns dias de doença, mas sempre admiramos sua serenidade, e podemos dizer que nela se encontravam reunidas no mais alto grau as três virtudes fundamentais da religião: a Fé, a Esperança e a Caridade. Partiu para o outro mundo como verdadeira santa! Quantos sorrisos não espalhou ao seu redor, sem jamais manifestar a mínima angústia!
>
> Tudo foi tão rápido e tão grave, desde o princípio, que deve-se logo considerar a partida desta santa alma para o céu. Gabrielle, com sua virtude profunda e amável, fez seu doloroso sacrifício com uma calma, uma simplicidade e uma força verdadeiramente sobrenatural, que edificou todos ao seu redor. Vivera uma íntima união com Nosso Senhor, deixou a vida cheia de confiança em Jesus e em total submissão à sua Vontade, apesar de seus grandes sofrimentos e de sua dor em deixar os entes queridos. Deus sabe quanto os amava! Pois sua querida mãe tinha o coração mais delicado e mais sensível — ainda que cheio de força — que eu já vira...
>
> Sua morte foi a de uma predestinada. Mas de uma predestinada que põe ordem em suas tarefas e que sabe dizer a cada um as palavras que convêm...
>
> Não se chora a morte de uma santa e, qualquer que seja nossa dor, damos graças ao céu por ter forjado alma tão bela! Sua mãe teve o cuidado de dizer que estaria perto de nós a todo momento. Rezemos a ela em todas as nossas necessidades e esforcemo-nos por tornar-nos dignos de encontrá-la.

A ideia do dom total de si mesmo a Deus, no sacerdócio e na vida religiosa, perseguira sempre o Sr. Lefebvre. Com a morte da esposa, esse pensamento se torna mais evidente. Amadureceu a ideia na oração e na reflexão, e então informou os filhos. Em plena conformidade com seu diretor, estava a ponto de ingressar em uma abadia beneditina, quando começa a guerra.

Deus não lhe deu a alegria de se imolar, mas ele percorre seu calvário com os sentimentos de uma vítima que se sacrifica por seus semelhantes e sua família.

> De todo coração, abençoo meus filhos, os quais confio a Nossa Senhora. A Virgem Santíssima foi tão boa para mim. Desejo, portanto, permanecer seu filho amado e particularmente abençoado. Ela abençoará decerto minha família, que deve permanecer-lhe consagrada, ser-lhe devota e buscar, por meio dela, o acréscimo do reinado de seu divino Filho.

Os filhos de René e Gabrielle Lefebvre acharam por bem que não deveriam perder-se tais lições, que resplandeceram na vida humilde, mas tão santa, de sua mãe. Essas almas devem continuar a salvar o mundo. Esta é a razão destes dois opúsculos: *Um Calvário* e *Uma mãe de família*.

Sra. Lefebvre enferma, com os seis mais velhos

1919

Segunda parte:

UM CALVÁRIO

Sr. René Lefebvre
(1879 - 1944)

Nota introdutória

Em atendimento ao pedido de muitos parentes e amigos de meu pai, e também com o intuito de transmitir as memórias para os seus descendentes, quis eu mandar imprimir este breve opúsculo sobre a sua atividade e, sobretudo, sobre os sofrimentos que suportou durante os anos de 1940 a 1944.

Sentindo-me inapto para compor este relato, por não ter vivido com ele ao longo desses anos, limitar-me-ei a transcrever integralmente a narrativa de dois de seus companheiros de desventura, os senhores Bommel e Piérard, agradecendo-lhes pelos numerosos e emocionantes detalhes que gentilmente nos relataram e pela mostra de simpatia que testemunharam à nossa família sofrida.

Michel Lefebvre
9 de dezembro de 1945

René e Gabrielle com os sete filhos no jardim

1920

CAPÍTULO IX: BREVE BIOGRAFIA

Nascido no dia 23 de fevereiro de 1879, em Tourcoing, meu pai viria mostrar, ao longo de toda a vida, uma fé intensa: fé em Jesus Cristo, fé na Pátria, fé em uma maior justiça social.

Esta fé era viva e ativa. Ele a levava no olhar doce mas ardente, no passo marcial, na atitude rígida e firme, no espírito de sacrifício.

Além de uma admiração, por sinal justificável, por sua mãe Marie Théry — falecida em 1917, e cuja vida foi consagrada às obras de caridade, aos pobres e aos doentes — tinha uma devoção toda especial por sua Mãe do céu, a Santíssima Virgem.

Terciário de São Francisco, sempre começava o dia assistindo à missa das 6h15, na paróquia de Nossa Senhora dos Anjos, e terminava a jornada com o terço. Em 1897, ingressa na Associação dos Maqueiros de Nossa Senhora de Lourdes, para se tornar assistente hospitalar.

No dia 16 de abril de 1902, vincula sua vida à de Gabrielle Watine. Ambos viveram uma existência de intensa espiritualidade e santidade edificante.

Dessa união nasceram oito filhos, dos quais os cinco mais velhos se consagraram a Deus: dois foram missionários dos Padres do Espírito Santo, uma foi religiosa de Maria Reparadora, outra missionária das Irmãs do Espírito Santo e a última entrou no Carmelo de Tourcoing.

Monarquista convicto, durante toda a vida dedicou-se à causa da "Maison de France", vendo em um governo monárquico o único meio de devolver a seu país a grandeza de outrora e propiciar-lhe um recomeço cristão.

Em 1920, meu pai entrou no Conselho do Tribunal Industrial[1] de Tourcoing, onde, até 1941, mostrou um senso de relacionamento social muito aguçado. Tentava, sempre com muita justiça, resolver os numerosos casos que lhe eram submetidos.

A Guerra de 1914-1918

Como não podia ser convocado para a guerra em 1914, por ser pai de seis filhos nessa época, ofereceu seus serviços à Sociedade de Ajuda aos Feridos Militares de Tourcoing e se dirigiu aos vilarejos de carro, atravessando os postos alemães em busca de feridos franceses.

Quando os alemães chegaram, facilitou a fuga de prisioneiros ingleses e cuidou dos prisioneiros franceses que estavam feridos.

Tendo recebido a notícia de que na França estavam convocando pessoas em condições de prestar serviço, decide deixar Tourcoing em janeiro de 1915. Sob o pseudônimo de Alfred Dendalle, partiu em direção à Bruxelas, passando pela Holanda com documentos que lhe foram fornecidos por uma organização belga de informação. Quando chega à França, toma conhecimento de que o seu regimento já estava no front. Ninguém o aceita em lugar algum. Decepcionado, procurou servir ao país e o conseguiu, por meio da ajuda de um antigo amigo, o Pe. Cavrois.

Partiu para a Inglaterra e se pôs à disposição do *Intelligence Service.* Sua tarefa foi estabelecer o contato entre as organizações belgas e a Inglaterra. Residiu então em Flessingue, Tilburg, Maestricht-Bréden. Com o nome de

[1] Trata-se do tribunal competente para solucionar conflitos que se originem da relação trabalhista entre empregador e funcionário (salários, demissão, férias remuneradas, etc.). O número de conselheiros representa empregadores e assalariados. São chamados "juízes do trabalho" e buscam oferecer justiça por meio da conciliação. [NdT]

Lefort, recebia cartas, mensageiros belgas e informações. Realizou travessias frequentes entre Roterdão ou Flessingue até Tilburg ou Folkestone, que não eram totalmente seguras.

Em seguida, encontramo-lo novamente na França no papel de escolta dos serviços radiológicos da S.S.B.M.[1], no front. Destacaram-no para a região de Verdun. Seu turno teve de suportar diversos bombardeios. Mais tarde, tornou-se administrador do Hospital 60, em Paris.

Ao fim da guerra, ocupa-se dos repatriados em Evian e estabelece relações com as autoridades suíças para organizar a ajuda aos doentes, enfermos, idosos e crianças que retornavam à França.

Como voluntário, fez de tudo para tornar-se útil ao seu país, muitas vezes pondo em perigo a própria vida.

No dia 27 de agosto de 1920 recebeu, das mãos do Ministro do Interior da Bélgica, Sr. Henri Jaspar, a Cruz Cívica por sua nobre conduta.

Vinte anos mais tarde

Depois de tudo o que acabo de narrar, não surpreende que, vinte anos mais tarde, meu pai tenha logo retomado os contatos com o Serviço de Informação Belga da guerra de 1914-1918, diante da nova declaração de guerra, no dia 3 de setembro de 1939.

Desde essa época, como a Bélgica era um país neutro, os planos de defesa belgas foram transmitidos aos Aliados. Meu pai sentia a necessidade de servir novamente ao país como fizera em 1914-1918.

Pouco depois, veio a rápida invasão de maio de 1940. Assim que a ocupação inimiga se estabeleceu, ele buscou instruções em Bruxelas, onde se encontrava a sede do Serviço de Informações ao qual pertencia.

---

[1] Sociedade de Ajuda aos Feridos Militares.

Elo de uma corrente, meu pai atuava em duas frentes. Primeiramente, o Serviço de Informações: transmitia as mensagens que recebia ao Sr. Lezaire, presidente dos Antigos Combatentes Belgas de Tourcoing — que morreu como ele em Sonnenburg —, o qual as transmitia a Loos, de onde eram enviadas por rádio a Londres.

Além disso, abrigava em sua casa[1] soldados ou civis aliados ou belgas vindos de Mouscron, os quais tinha ele por missão encaminhar para a Soma.[2] De lá, enviavam-nos de avião para a Inglaterra, ou partiam para a França Livre.

Seria difícil calcular o número de pessoas que, graças a ele, reencontraram a liberdade. Tratava-se por vezes de grupos de dez pessoas, outras vezes de casos isolados. Esse tráfego ocorreu principalmente por volta de setembro e outubro de 1940.

Alguns fatos

Durante três meses, um major escocês, parente da rainha da Inglaterra, alojou-se em sua casa. Ferido, não podia seguir viagem, pois nada conhecia da língua francesa. O major se empenhou em aprendê-la e se aventurou diversas vezes fora de casa, para ir ao barbeiro e mesmo ao cinema. Em sua partida, prometeu transmitir uma mensagem, e, com sua chegada a Londres, dois dias mais tarde, a mensagem foi transmitida.

Durante o julgamento de meu pai em Berlim, convocaram diante dos réus dois jovens soldados ingleses, que os alemães sabiam que se hospedaram em Tourcoing. Eles os obrigaram a passar diante de todos os acusados em fila, olhando-os bem nos olhos. Meu pai logo os reconheceu, mas nada foi descoberto. Interrogados, os soldados confir-

---

[1] Rua do Doutor Dewyn, nº37.

[2] Soma ou Somme é um departamento localizado na região de Nord-Pas-de-Calais, ao norte da França. A capital do departamento é Amiens. [NdT]

maram que haviam parado em uma casinha no subúrbio de Tourcoing. A emoção foi grande.

Pouco tempo antes da sua prisão, um sargento alemão alojou-se em sua casa, o que não impediu meu pai de continuar o seu serviço e mesmo de abrigar até seis ingleses na sala de estar. Pressentia que a situação terminaria mal, que estava sendo vigiado. Mas, não querendo abandonar o posto, aceitava o sacrifício da vida, se Deus o pedisse, e, cheio de confiança, continuou a servir.

Sua captura

No dia 21 de abril de 1941, por volta das 14h45, bateram à porta da casa de meu pai. A cozinheira foi atender: dois civis pediram para falar com o Sr. René Lefebvre sobre negócios. Responderam-lhes de que negócios se tratavam na fábrica.[1] Mas a questão era urgente e, além do mais, acabavam de voltar da fábrica e sabiam perfeitamente que meu pai não estava lá. A cozinheira pediu-lhes que esperassem, explicando que iria averiguar. Quando abriu a porta da sala de jantar, onde se encontrava meu pai, os dois civis entraram no cômodo, acompanhados de um oficial alemão. Nada mais podia ser feito.

Quase todos os dias, após o almoço, meu pai descansava em uma poltrona escutando o telégrafo (TSF - telégrafo sem fio) e costumava adormecer por alguns instantes. Foi o caso nesse dia... Despertado de sobressalto pela entrada desses civis na sala de jantar, ficou sem ação: o telégrafo transmitia as notícias da BBC de Londres...

[1] Sociedade Anônima de Tourcoing Central, Rua do Bus, nº 10.

Nota do Autor: Desde sua captura, a família contratou um advogado para defendê-lo. Trata-se do Dr. Kraehling, de Paris. Devido à deportação para a Alemanha, este delega ao Dr. Franck, de Karlsruhe. O Dr. Franck, advogado católico credenciado diante das autoridades alemãs, viu meu pai com frequência em sua cela em Berlim e o defendeu de forma brilhante diante dos tribunais, porém sem grande sucesso. Capturado também em junho de 1944, foi fuzilado em janeiro de 1945. Nenhum de seus documentos pôde ser encontrado.

Sob a mira de um revólver, fizeram minuciosa inspeção da casa. Provavelmente, encontraram um mapa da Bolonha. Um automóvel chegou, e o levaram à sede da Gestapo, na Rua de Lille. Enquanto isso, a cozinheira em pânico avisou os funcionários da fábrica: os papéis comprometedores foram queimados de imediato. Alguns momentos depois, ainda enquadrado pelos mesmos civis, meu pai chegava à fábrica e, também ali, fizeram vistoria. É diante dos funcionários aflitos e dos moradores apavorados que ele parte de carro para Loos.

Lá começava o calvário que terminaria apenas três anos mais tarde, com uma morte dolorosa, mas gloriosa, emocionante.

A estadia em Loos não durou mais de dois dias. Meu pai foi enviado imediatamente para Bruxelas, prisão de Saint Gilles, pois os alemães se deram conta de que era ali a fonte de seu trabalho.

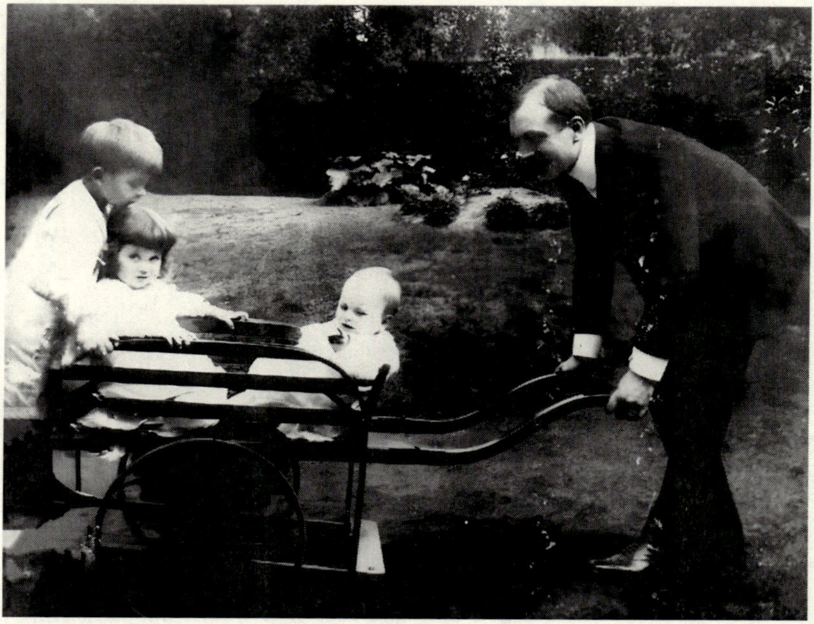

Com René, Jeanne, Marcel

1906

CAPÍTULO 10: RELATO DE SUA FILHA MARIE-THÉRÈSE

Bruxelas

Meu pai ocupou de início a cela 47 com um cidadão de Bruxelas, que foi solto após três meses. Em seguida, a cela 42, a qual partilhou com um médico belga, culto e interessante, e com um flamengo que não entendia francês. Creio que, segundo o que dizia meu pai, a relação entre os três foi muito cordial, e que eles se apoiavam mutuamente, com muita coragem. Mas a falta de ação era dolorosa. Era-lhes impossível praticar um pouco de exercício na cela. O colchão de palha cobria toda a superfície (a cela estava prevista para apenas um prisioneiro). Permitiam-lhes uma caminhada de meia hora por dia, mas em fila e em silêncio.

No entanto, o regime da prisão não era muito rigoroso: comida em quantidade suficiente, geralmente os pacotes eram entregues intactos aos prisioneiros, e no inverno todas as celas eram aquecidas. Meu pai aceitava a situação em que se encontrava com maravilhosa resignação. Tinha sempre o terço nas mãos, e estava muito feliz por poder conservar o missal e o ofício de Nossa Senhora.

Desde o início da captura, vinha se familiarizando com a ideia da morte e falava à filha, durante as visitas, da graça que Deus lhe concedia de morrer por seu país. "Eu não fiz mais do que meu dever como francês e não me arrependo de nada. Estaria pronto para recomeçar tudo de novo, se fosse necessário". Estava, em cada visita, sempre calmo e sereno, perguntando por notícias de cada um. Jamais se queixava e afirmou inúmeras vezes que nunca tivera de passar por espancamento ou maus tratos, de que apenas fora ameaçado. Estava também ansioso pelo julgamento, mas não criava ilusões sobre o resultado.

> Espero a hora da Providência. O certo é que ganhamos alguns méritos e que temos uma pequena noção do Purgatório.[1]
>
> Existem aqui muitas pessoas corajosas, temos certeza disso, apesar do rigor do silêncio. Creio que rezamos tanto, se não mais, quanto em um claustro, mas os ofícios são raros: no máximo uma missa por quinzena e, com insistência, possibilidade de comunhão.
>
> Se este período é tão doloroso, é também uma consolação muito grande poder afirmar que nada se perde quando se considera este tempo da maneira como nós o consideramos.
>
> Apesar das horas por vezes bastante longas, apesar dos sofrimentos que você pode imaginar, não é o inferno de Dante, onde se deixa toda a esperança. Tenho pena daqueles que estão na minha situação, mas não têm religião.
>
> Tenha coragem, paciência. A situação está se esclarecendo e dias melhores virão ao nosso querido país, que, após a ruína a que o levou a desordem, retornará às suas brilhantes tradições.
>
> Graças a Deus, senti auxílio d'Ele. Houve momentos terríveis, mas pude constatar que fui ajudado nos instantes em que me encontrava nas maiores dificuldades.
>
> Como todo homem é mortal, venho deixar por escrito meu adeus aos meus queridos filhos, meus amigos, minha família.
>
> Vocês sabem que morro como católico francês, monarquista, pois para mim é no estabelecimento de monarquias cristãs que a Europa, o mundo, podem reencontrar a estabilidade, a verdadeira paz. Se eu encontrar aqui a morte, é porque Deus decidiu dessa maneira e, sem um retiro especial que prepare para o Céu, o purgatório começará já aqui na terra.
>
> Agradeço a Deus por tudo. O sofrimento purifica. Para mim, será um grande sacrifício não encontrar meus filhos antes de morrer.

[1] Trechos de suas cartas.

> De todo coração, abençoo meus filhos, os quais confio a Nossa Senhora. A Virgem Santíssima foi tão boa para mim. Desejo, portanto, permanecer como seu filho amado e particularmente abençoado. Ela abençoará decerto minha família, que deve permanecer-lhe consagrada, ser-lhe devota e buscar, por meio d'Ela, o acréscimo do Reinado de seu Divino Filho... (Bruxelas, 9 de setembro de 1941).

O tempo na solitária durou um mês, com inquéritos e interrogatórios particularmente penosos a cada três horas. Até mesmo durante a noite o levaram em um carro de prisioneiros para a Rua Traversière, onde se encontravam os escritórios da Gestapo.

Ao cabo de algumas semanas, seu cansaço era tal que já não abria a boca, com medo de que, em sua fadiga, se contradissesse ou deixasse escapar alguma informação.

Foi apenas no início de junho que se permitiram as visitas, para os detentos ainda não julgados, ou seja: uma visita de dez minutos a cada quinze dias, com um pacote de seis quilos, de víveres e mantimentos. Sua filha podia, assim, vê-lo, após grandes esforços. No início, precisava-se sempre solicitar autorização na Rua Traversière, de modo a se conseguir uma senha na porta da prisão. O fluxo de pessoas era tal, que era preciso estar na Saint-Gilles às 13h para entrar às 17h. Deixavam as pessoas entrarem por turmas até a recepção, e ali as etapas de identificação recomeçavam. Um oficial se certificava de que o prisioneiro não havia recebido visitas durante o tempo previsto e pesava minuciosamente o pacote: cem gramas a mais que o peso máximo, obrigava o visitante a aliviar o embrulho. Forneciam uma plaquinha de ferro, que permitia o ingresso na sala de visitas. Era uma longa sala, porém estreita, que se comunicava com dois ambientes, dando para um corredor, por um lado, e pelo outro, no locutório dos prisioneiros. Pequenas cabines, semelhantes a cabines telefônicas, estavam organizadas ao longo da parede, no total de dezoito unidades. As cabines, separadas por divisórias, tinham uma porta de vidro que permitia ver os prisioneiros. Estes passavam em fila após o carcereiro, detendo-se ao reconhecer o visitante. Os soldados alemães montavam guarda, vigiando os prisioneiros. Éramos obrigados a falar muito alto para sermos ouvidos, pois o vidro impedia a passagem da voz. E como todo mundo devia fazer o mesmo, havia uma cacofonia tão grande que era preferível comunicar-se por gestos. Alguns se arriscavam a mostrar bilhetinhos preparados com antecedência e que eram colados no vidro para que o outro lesse. Nesse caso, devia-se estar atento aos guardas, pois as punições podiam ser graves.

Ao final de dez minutos, um toque de campainha dava o sinal para que os detentos se enfileirassem ao longo da parede e partissem novamente, marchando em fila para as celas.

Na prisão de Saint-Gilles, o número de prisioneiros crescia sem parar. A cadeia tinha capacidade para 700 homens, mas não demorou a alcançar 1.200 e, mais tarde, 1.500 detentos.

A estada em Bruxelas durou nove meses. No dia 22 de janeiro, às 10h da manhã, meu pai foi levado a um destino desconhecido, na Alemanha, sem que ele pudesse sequer informar os filhos. Mais tarde, soubemos que a primeira parada foi em Hamburgo.

O filho René em uniforme militar
1923

CARTA DO SR. M. BOMMEL,

de Loos, Rua Mirabeau, 25 de julho de 1945

Voltando de Hazebrouck, onde estive para descansar com minha família, encontrei sua carta do dia 2 passado, e me apresso em respondê-la o melhor possível, a respeito de seu falecido pai.

Inicialmente fiz contato com o Sr. Lefebvre, que eu conhecia pelo nome de Lefort graças à intermediação da Srta. Leplat, e com o Sr. Lezaire (Léopold), para escoltar até a França Livre alguns ingleses e um jovem médico belga que estava sob minha responsabilidade em Lille.

Em minha opinião, quando a Srta. Leplat foi pega em Bruxelas, durante uma missão que eu lhe confiara e que consistia em fazer a ligação entre os grupos franco-belgas e franceses, os nomes e endereços deveriam estar em sua bolsa... É isso que deve ter provocado a captura do Sr. Lezaire e, em seguida, do Sr. Lefebvre. A busca que fizeram na casa deste permitiu a descoberta de um mapa da Bolonha, de folhetos e de um caderno indicando as quantias pagas pelo Sr. Lefebvre ao Sr. Lezaire para transportar os homens até a França Livre.

Eu já havia sido pego uma primeira vez no dia 21 de março de 1941 e condenado a três anos de prisão por ter ajudado alguns jovens a cruzarem as linhas da fronteira para se alistarem nas forças armadas de De Gaulle. Foi apenas no dia 1º de maio de 1941 que me implicaram na missão de Bruxelas, com minha datilógrafa, a Sra. Forest, por espionagem e recrutamento de jovens para a tropa de De Gaulle. O interrogatório durou até o dia 17 de maio. Durante esse período, não tive contato com os senhores Lefebvre, Lezaire e o comandante belga Vrieslander, de Bruxelas. O oficial da Gestapo tratou apenas da declaração que eu fizera na época em que não conhecia nenhum dos três acusados. Em 18 de maio de 1941, voltava à prisão central de Loos para cumprir meus três anos de prisão. No dia 5 de novembro de 1941, tornam a colocar-me na solitária pelo caso de Bruxelas. Encaminharam-me à prisão de Saint-Gilles em janeiro de 1942, em seguida à prisão de Hamburgo, onde via os Srs. Lefebvre e Lezaire na caminhada diária. Estando na cela em frente à de seu pai, podíamos nos comunicar pelos sinais do serviço de inteligência, mas era impossível nos falarmos.

Em Hamburgo, estávamos no mais completo isolamento. A alimentação, sem ser abundante era, no entanto, suficiente. Compunha-se de sopa de repolho, macarrão ou simplesmente de farinha. Duas vezes por semana tínhamos para comer algumas batatas com um molho de carne chamado "goulash". Às vezes recebíamos cinquenta gramas de margarina, uma porçãozinha de queijo e uma colher de geleia, e de comida isso era tudo... Ainda que maltratados por nossos guardas, propriamente falando, nunca fomos agredidos. Recebíamos a visita do capelão civil todas as semanas, mas não podíamos assistir à missa. Dava-se a comunhão na cela, de forma decente, após uma preparação prévia: duas velas acesas, uma de cada lado de um grande Cristo de cobre, tudo disposto em uma toalha imaculada sobre a mesa de nossa cela. O capelão era muito correto e falava um pouco de francês. O Sr. Lefebvre se beneficiou do favor muito especial de comungar todos os dias, uma vez que o padre lhe enviara hóstias para essa finalidade. Eu estaria pouco inclinado a crer nisso se não tivesse sido o próprio Sr. Lefebvre que me houvesse contado, durante nossa transferência para Berlim, no dia 20 de maio de 1942. Apesar de nosso isolamento completo, não fomos tão desafortunados nessa prisão.

Deixamos Hamburgo algemados, em um caminhão carcerário. Estando amarrado a seu pai, pude conversar livremente com ele. Foi assim que me contou um pouco sobre sua família, especialmente sobre sua santa esposa e todos os seus filhos, que ele tanto amava.

No dia 20 de maio de 1942, em Berlim, fomos encarcerados na ala militar da prisão de Novo Moabit, ao lado da principal estação de trem de Berlim, onde a quase totalidade dos prisioneiros estava condenada à morte e abastecia o pelotão de execução duas ou três vezes por semana.

Éramos dois por cela e mudávamos, vez ou outra, de companheiros, que, com frequência, eram estrangeiros (holandeses, poloneses, etc.). Era raro ser alocado com um francês. Nosso processo durou do dia 21 ao dia 28 de maio de 1942. Os Srs. Lefebvre e Lezaire, a Srta. Leplat e eu mesmo, fomos condenados duas vezes à morte: primeiramente por espionagem, e em segundo lugar pelo recrutamento de jovens em condições de lutar contra o "Grande Reich". O comandante belga Vrieslander, falecido igualmente em Sonnenburg, foi condenado a oito anos de trabalhos forçados, assim como a Sra. Yvonne Perdieu, condenada a cinco anos da mesma pena. Considerado como o chefe do grupo, que deu as ordens para execução de tudo aquilo que nos atribuíam, minha defesa foi difícilima. Assim, solicitei diversas vezes uma audiência com uma testemunha de acusação, Vancraynest (belga que, em Bruxelas, havia mandado prender, por dinheiro, a Srta. Leplat). O paradeiro dele permaneceu desconhecido após diversas investigações. Tenho a convicção de que foi isso que nos salvou do pelotão de fuzilamento, depois de treze meses de espera nessa mesma prisão. Ao longo do processo, o Sr. Lefebvre manteve sempre uma atitude muito digna e muito corajosa. Sofreu o choque sem vacilar, estava resignado com a sorte e se pusera inteiramente nas mãos da Virgem Maria (pois na cela de espera do Palácio, onde estávamos acorrentados em grupo de quatro, recitávamos o terço em voz alta sob sua direção). Incentivava-nos a confiar-nos, como ele, à Rainha dos Céus, em quem tinha grande confiança.

Nossa vida na cela era triste e monótona. Esperávamos todas as manhãs ver nossos carrascos aparecerem. As execuções eram feitas por grupos de dez, vinte ou, ainda, quarenta pessoas, como o último grupo de prisioneiros holandeses, entre os quais um general e um coronel, executados em junho de 1943, após oito meses de espera. Morreram um após o outro, das 8h da manhã às 4h da tarde, fato relatado pelo capelão militar da prisão ao filho do camareiro da Rainha da Holanda, envolvido no caso e meu vizinho de cela. Este jovem, cuja pena de morte fora comutada em trabalhos forçados, faleceu em Sonnenburg e conheceu muito bem seu desafortunado pai. Em Berlim, éramos abastecidos pelo exército e a comida era boa e farta. Pela manhã: despertar às 6h, café com açúcar; duas vezes por semana, higiene do corpo e da cela; às 9h, inspeção; às 19h, caminhada de meia hora com os condenados à morte. Éramos cerca de duzentos por caminhada, andávamos a um metro de distância um atrás do outro, vigiados pelas sentinelas do exército, bastante vigilantes, o revólver pronto para abrir fogo; assim, era perigosíssimo falar ou fazer qualquer sinal. A menor falha nos levava à masmorra com um regime especial: 300 gramas de pão por dia e 1 litro de sopa leve a cada quatro dias. Os infelizes punidos só saiam de lá carregados em uma maca. Pelo que soube, o Sr. Lefebvre nunca passou por tal fatalidade. Ao meio-dia recebíamos uma sopa bastante consistente, ou chucrute com um pedaço de salsicha, ou massa. Duas vezes por semana, batatas com goulash. Às 16h30 recebíamos 300 gramas de pão do exército, margarina e geleia, e a porta se fechava novamente até o dia seguinte, às 6h da manhã. Recebíamos a cada semana 300 gramas de mel artificial, 250 gramas de queijo, uma lata de cavala ou de sardinha para dois homens; por vezes tínhamos frutas ou tomates frescos, resumindo, a alimentação era boa e sã. A princípio, o capelão nos visitava a cada quinze dias ou três semanas e nos dava a comunhão. Vinha com maior frequência se o pedíssemos, mas não lográvamos assistir à missa com maior frequência em Berlim do que em Hamburgo; as ordens eram formais e não podíamos deixar nossas celas sob nenhum pretexto. Durante os bombardeios, mesmo que a porta fosse arremessada em estilhaços, devíamos permanecer na cela, sob pena de morte imediata. Não podíamos conversar entre nós e era preciso agir com a prudência e astúcia dos índios Sioux para nos comunicarmos, por mais que nos víssemos na caminhada diária. Em nossas celas, sem trabalho, não tínhamos o direito de ler nem de escrever, a não ser que fosse para escrever ao Presidente do Tribunal. Nossos dias se passavam, portanto, em reflexão ou em oração, pois nos havia sido permitido manter nosso terço.

Apesar da monotonia dessa vida de detentos, pude perceber que o Sr. Lefebvre se manteve em excelente estado moral, quando, ao cabo de 13 meses (16 de junho de 1943), meu grupo, no qual ele se encontrava, foi entregue às mãos da administração penitenciária civil. Por milagre, estávamos a salvo do pelotão de fuzilamento, mas, pobres de nós!, era apenas para que a maioria morresse lentamente e mais cruelmente na prisão de Sonnenburg.

O cárcere

Permanecemos juntos por cerca de dez dias na prisão do Velho Moabit, em Berlim, onde fomos bem tratados. Após essa estadia, um comboio de uma centena de condenados à morte de todas as nacionalidades foi formado e cada homem, detido com algemas por um *schupo*[1], desfilou diante de uma multidão hostil pelas ruas de Berlim até a estação de trem onde fomos embarcados em vagões-cela blindados. Éramos quatro ou cinco em celas separadas para apenas um homem: estávamos colados uns aos outros e tive a felicidade de estar com o Sr. Lefebvre. A viagem foi extremamente penosa. Havíamos recebido duas finas torradas às 8h da manhã e, sem ar, fomos sacudidos até às 10h da noite, hora de chegada a Sonnenburg, onde recebemos 200 gramas de pão e uma tigela de chá. Fomos mantidos em

[1] *Schutzpolizei,* polícia de defesa.

quarentena durante cerca de quinze dias em um celeiro cercado e dormimos sobre a palha com um cobertor. Tínhamos direito a 300 gramas de pão por dia, uma sopa de repolho ao meio-dia e uma sopa leve de farinha à noite. Não podíamos nos lavar e estávamos cobertos de vermes. Ao final desse tempo, mandaram que nos despíssemos completamente e nos rasparam da cabeça aos pés, em seguida fomos para a ducha, e nos vestiram com os famosos uniformes listrados. Fomos, em seguida, encarcerados, um ou dois por cela, dependendo do caso. A vida de prisioneiro começava...

A região em que estávamos era fria, pantanosa e úmida. No verão, o sol não nos era nada clemente: como nossas celas se dispunham para o norte, não podíamos aproveitar seus raios. A comida era medíocre e claramente insuficiente. Tínhamos cerca de 350 gramas de pão pastoso e fétido, uma sopa de repolho ou rutabaga (couve-nabo) sem gordura, contudo bastante espessa, ao meio-dia. À noite, uma sopa leve feita com sementes semelhantes às que se oferecem aos pássaros ou sopa de soro de leite ligeiramente açucarada. Duas vezes por semana, tínhamos uma refeição fria de noite, composta de um cubinho de margarina, um pequeno pedaço de queijo forte ou uma porção de salame. O despertar era às 6h. Confeccionamos sapatos de palha, pois deixávamos a cela apenas para a caminhada. O Sr. Lefebvre trabalhava no porão com uma dezena de companheiros, entre os quais o comandante belga Trats, de Anvers, Marcel Prot, de Dunkerque, o Sr. Guillon, de Bruxelas, detentor de sua aliança, o Conde de Alcântara e o hoteleiro de Anvers, cujo nome não me recordo e sobre o qual já falei. A cela onde Lefebvre trabalhava separando os feixes de palha para a confecção de calçados era muito úmida e pouco arejada. É possível que a alimentação insuficiente e a insalubridade tenham provocado essa furunculose da qual não conseguiu mais se livrar, visto que os cuidados eram nulos ou inexistentes, a pomada se aplicava com conta-gotas sobre as feridas e, as gases de papel afixadas eram muito limitadas. O enfermeiro era um brutamontes que recebia os doentes com murros e pancadas, ou seja, não era nada bom ir vê-lo. Seu auxiliar — um jovem alemão de cerca de vinte anos, condenado ao trabalho forçado por um assassinato — era digno do chefe e deve ter também causado a morte de alguns de nossos pobres camaradas. O Sr. Lefebvre recebia muitas vezes cuidados devido aos furúnculos nos braços e pernas, mas não sei como nossos carrascos o tratavam, pois minha vida de cela me impedia de saber exatamente o que se passava na prisão. A meu ver, acredito que não tinha mais privilégios do que nós e que, como os demais, teve de suportar agressões e humilhações. Meu amigo Le Rolland, de Reims, que trabalhava em um ateliê e estava em contato com outros companheiros, poderia talvez dar-lhe maiores detalhes sobre o assunto. Trocávamos de camisa e ceroulas em média a cada quinze dias, mas estas, de uma limpeza duvidosa, estavam muitas vezes cheias de vermes. Talvez o Sr. Lefebvre recebesse a visita de um padre católico? Não me lembro de ter visto algum em Sonnenburg, a menos que houvesse algum na enfermaria, mas para lá nunca fui.

Ainda assim lembro-me de que, no Natal de 1943, assistimos à missa e pudemos comungar, mas que eu saiba foi a única vez.

Um dia em que estava na caminhada, sem poder especificar o mês, vi o Sr. Lefebvre, sustentado por um companheiro, entrar na enfermaria. Ele me fez um sinalzinho com as mãos e me olhou de maneira dolorosa. Soube, três dias depois de sua entrada, que ele falecera de uma congestão. Não posso fornecer maiores detalhes. Sei que o comandante Trats, o Conde de Alcântara e Guillon, todos os três mortos na Alemanha, assistiram aos seus últimos momentos. Isso é tudo.

Perdoe-me a longa narração, que tentei fazer a mais clara possível, esperando que o satisfaça.

CARTA DO SR. PIÉRARD

Rua Nossa Senhora Débonnaire, nº4, em Moons

Conheci muito bem o Sr. René Lefebvre na Zuchthaus[1] de Sonnenburg, onde, rapidamente, fizemos laços de amizade. Fui transferido para essa casa de detenção no dia 20 de maio de 1943. Um mês após minha chegada, encontrava-me na ala leste, segundo Abteilung[2], onde estava o Sr. René Lefebvre, e alguns dias depois entrei em contato com ele. Podíamos de tempos em tempos trocar algumas raras palavras na caminhada, quando os guardas não nos viam, e graças à cumplicidade de um Kalfakter[3] belga, trocávamos bilhetes nos quais expúnhamos nossas impressões. O Sr. Lefebvre partilhava a cela com dois franceses; eu estava só, na solitária.

Um de seus companheiros sempre procurava contendas. Como a cela estava suja e em desordem, o guarda, ao invés de punir o responsável (era justamente o mau companheiro), maltratou o Sr. René Lefebvre por ser ele o mais velho, e o mandou descer à cela nº 10 (no porão). Foi em agosto de 1943. Eu ocupava, desde o dia 13 de julho, o número 9 e, portanto, a cela vizinha, onde estava detido por ordem da direção, depois de um guarda acusar-me de sabotagem e propaganda política...

Estas celas eram muito frias e úmidas, o reboco se descolava da parede, pela qual não parava de escorrer água. O pavimento, de pedras desconjuntadas, servia de refúgio a toda uma fauna que não conseguíamos exterminar: tatuzinhos, lacraias, tesourinhas[4], baratas, etc. Não me esqueço dos vermes, dos

1 Campo de concentração. [NdT]

2 *Abteilung* é uma palavra alemã utilizada para designar uma unidade militar alemã ou suíça, e que segundo o contexto pode corresponder a uma seção, um departamento ou um batalhão. [NdT]

3 *Kalfakter* é o responsável por operar a caldeira. [NdT]

4 Inseto onívoro também conhecido por bicha-cadela. [NdT]

piolhos, dos percevejos e das aranhas que vinham do jardim, por uma estreita janela — defendida por grandes barras de ferro e pela qual mal se via a luz do dia — e que estava situada no nível do chão desse jardim. Estávamos cerca de dois metros abaixo do solo. Para a mobília, uma cama bastante ruim, de ferro, cujas molas enferrujadas perfuravam a palha repugnante, um fino cobertor de algodão, uma mesinha, por vezes um banco, uma cômodazinha para a tigela e a colher — nossos únicos utensílios —, um vaso higiênico chamado *Kübel*. O olho mágico da porta permanecia quase sempre levantado. Sobretudo à noite, dávamo-nos conta disso, pois o guarda ligava o interruptor. Às vezes, privavam-nos da luz e nos obrigavam, no inverno sobretudo, a comer e a limpar na escuridão.

Vestimenta: uma calça, casaco, gorro, tudo de algodão, uma camisa esfarrapada, por vezes uma ceroula, tamancos ou galochas; nada de meias.

Por meio de socos na parede, comunicava-me com o vizinho e, subindo na mesa, conseguíamos conversar pela pequena abertura da janela.

No dia 10 de novembro de 1943, enviaram-me ao ateliê da palha, onde o Sr. René Lefebvre trabalhava há um mês, a cerca de vinte metros da minha cela. Essa oficina, formada por três celas reunidas, media seis metros por dois. Ali reinava um perpétuo cheiro de mofo, fazia muito frio e era muito úmido, pois devíamos molhar incessantemente a palha que preparávamos para os prisioneiros que confeccionavam calçados. Lá também se encontravam: Albert Lezaire, de Tourcoing (falecido), Fleury Brassart, minerador de Billy-Montigny, Albert Marquis, minerador de Bray-les-Mons (regressado), Paul Hoornaert, advogado de Liège (falecido), um cabeleireiro francês, Marcel ... (esqueci o sobrenome), com quem tivemos conflitos frequentes; ele se fizera serviçal dos Boches[1] e pres-

[1] Termo ofensivo que se popularizou durante a Primeira Guerra Mundial, usado pelos franceses para designar os alemães. [NdT]

sionava a produção para conseguir um acréscimo de comida, pois era chefe de equipe.

Ele foi substituído após um roubo. Em seguida, sucessivamente: Albert de Saffel, funcionário do correio, comandante de reserva de Gand (falecido); Cavaleiro Jean-Chrétien Baude, filho do Barão Baude, secretário particular de sua alteza real, a princesa Juliana de Haye (falecido); Clama Giron "Bougnat"[1] de Paris; Gérard Deprêtre, enfermeiro militar, de Anvers, abatido por um SS[2] no dia 24 de abril de 1945 durante as marchas forçadas, perto de Wittsbeck; barão Charles Coppieter's Wallant, regressado à Knocke; Georges Guillon, industrial em Bruxelas (não regressado).

Éramos sempre uma dezena de homens ocupados neste trabalho. A palha cortava nossos dedos e, por conta da umidade, a pele se soltava em tiras. Pela manhã, recebíamos um pedaço de pão preto de cerca de 250 a 300 gramas — que mais tarde reduziram à metade —, com meio litro de água escurecida batizada de "café"; ao meio-dia, um litro de sopa de repolho ou rutabaga (couve-nabo); de noite, meio litro de sopa bem rala.

Éramos obrigados a produzir certa quantidade, controlada pelo *Arbeitsmeister*[3], mas lográvamos sempre sabotar o trabalho.

Em média, a cada mês (com mais frequência, a cada dois meses), davam-nos um pedaço de sabão (mistura de pó de pedra-pomes e de carbonato de sódio), que derretia rapidamente.

Ao longo dos dezoito meses de minha permanência em Sonnenburg, participei de seis sessões de banho, de dois minutos cada um. Sob gritos e pancadas de cassetete, despía-

---

[1] Termo utilizado para designar um francês que se mudou da zona rural para Paris, originário do Maciço Central. [NdT]

[2] *Schutzstaffel*: organização paramilitar ligada ao partido nazista [NdE]

[3] Chefe do trabalho. [NdT]

mo-nos rapidamente no corredor gélido do porão. Éramos uma dezena de homens, empurrados todos de uma vez, para um local de sujidade repugnante (o banheiro). As duchas funcionavam muito mal, na maioria das vezes com água fria e, sempre sob gritos e pancadas, vestíamo-nos no corredor sem podermos nos secar. Quantas pleurisias e pneumonias não se contraíram após essas sessões, que preferiríamos evitar.

Desde julho de 1943 até sua morte, o Sr. René Lefebvre sofreu muito de furunculose. Na maioria das vezes, mandavam-no de volta, sem cuidados, da enfermaria, onde reinava o "vampiro": enfermeiro chefe que espancava os doentes com chutes, socos e chaves de braço. Quando o enfermeiro acordava de bom humor, o que era raro, aplicava sobre os furúnculos uma pomada qualquer com curativos de papel ou bandagens que já haviam sido usadas inúmeras vezes e que estavam imundas. Higiene nazista. Repetidas vezes fiz o curativo de meu amigo com meios improvisados: rompia os abcessos e os limpava com um pouco de gasolina que obtivera de um *Kalfakter* norueguês. Nas últimas semanas, o Sr. René Lefebvre estava afligido por onze furúnculos nos ombros e no braço direito e por um enorme abscesso nas costas.

Ele era meu vizinho de trabalho, contava-me sua vida familiar, suas viagens, informava-me sobre sua indústria. Não cessava de invocar a memória da esposa, falava-me em detalhes sobre cada um de seus filhos, de seus projetos para o futuro.

Ele decidira receber, todos os anos, em um banquete fraterno, todos os sobreviventes do nosso porão...

Muito piedoso, rezava com frequência. Com o auxílio de uma corda, prendia embaixo da camisa um missal e uma *Imitação de Jesus Cristo*, que conseguiu conservar por milagre. Após a sopa do almoço, recitava em voz alta o *De Profundis* pelos camaradas cujo falecimento descobríamos a cada dia.

A morte

Em uma manhã, no final de fevereiro de 1944, teve uma espécie de convulsão com paralisia do lado direito e da língua. O guarda não quis dar ouvidos e respondeu aos nossos repetidos apelos com vociferações. "*Los, los, Arbeit!*". Deitamos o doente na palha, pois tremia, e pudemos transportá-lo para sua cela após o fim do serviço, às 18h30. Pela manhã, na partida para o trabalho às 6h30, e pela noite, pude, na quarta, quinta e sexta-feira, graças ao *Kalfakter* norueguês, dizer-lhe algumas palavras e apertar-lhe as mãos; ele já não comia. No sábado de manhã, faltou-lhe forças para tentar retirar seu *kübel*, e o deixou cair. O guarda o espancou e quis forçá-lo a recolher os pedaços do vaso e a limpar, mas o doente caiu em síncope e foi o *Kalfakter* que fez a limpeza. Na manhã do domingo, durante a caminhada, vi-o pela última vez dirigindo-se à enfermaria. O *Kalfakter* o ajudava e carregava seu cobertor e sua tigela. Trocamos algumas breves palavras quando passou perto de mim. No dia seguinte, morreu meu querido companheiro.

Ele conservou sempre um excelente estado moral e tinha uma fé inabalável em nossa vitória. Infelizmente, não veio a conhecê-la. Deu-nos, ao Marquês e a mim, seus dois livros de oração, um terço e algumas medalhas. Esses objetos nos foram tomados algumas semanas depois, durante uma inspeção.

Graças ao Barão Charles Coppiter's, de Bruxelas, tomamos posse de um testamento escrito em Sonnenburg, em fevereiro de 1944, poucos dias antes de sua morte.

Permito-me agradecer aqui ao Barão Coppiter's por conseguir, durante mais de um ano, camuflar essas preciosas linhas, por serem bastante pessoais, para que alguns trechos pudessem ser citados.

CAPÍTULO 12: TRECHO DO JORNAL "NORD LIBRE"

15 de junho de 1945

Tomar conhecimento da morte de um heroi é, infelizmente, coisa comum hoje em dia. A barbárie nazista não respeitou os cabelos brancos mais do que a infância.

Temos hoje o triste dever de recordar a memória do Sr. René Lefebvre.

Em 1914-1918, o Sr. Lefebvre foi um desses corajosos franceses que arriscaram a vida para facilitar aos agentes do exército secreto o cruzamento das fronteiras. Foi um dos principais colaboradores de Léonie Vanhoutte.

Não é de espantar que, já em 1940, entrasse novamente em ação, para fazer passar pelas linhas de demarcação os soldados aliados que escapavam dos alemães. Mas a Gestapo vigiava. E em um triste dia de abril de 1941, os algozes nazistas vieram prendê-lo em casa para levá-lo ao covil deles. A árdua vida das prisões hitlerianas não abateu sua moral e foi pensando em seu país que sucumbiu, em março de 1944, em Sonnenburg, em seu 66º ano de vida.

É para comemorar a morte desse corajoso cidadão, que era também grande filantropo, que uma Missa de Requiem Solene ocorreu na segunda-feira 18, às 10h, na Igreja Nossa Senhora dos Anjos.

"Possa esse exemplo magnífico deixar viva impressão em sua família, e esta retirar desse exemplo todos os ensinamentos que se evidenciam.

Prove ele aos demais que a França tem ainda verdadeiros franceses, e lhes propicie fé em seu belo país".

Profissão de Bernadette
1930

René seminarista

1919

Com os cinco mais velhos,

1913

Partida de Marcel para missão,

1932

Um pai e uma mãe